大国经济

张 新 著

中国财富出版社有限公司

图书在版编目（CIP）数据

大国经济／张新著．—北京：中国财富出版社有限公司，2022.12
ISBN 978-7-5047-7674-7

Ⅰ.①大… Ⅱ.①张… Ⅲ.①中国特色社会主义-经济思想-研究 Ⅳ.①F120.2

中国版本图书馆 CIP 数据核字（2022）第 043424 号

策划编辑	周　畅	责任编辑	邢有涛　刘康格	版权编辑	李　洋
责任印制	梁　凡	责任校对	卓闪闪	责任发行	杨　江

出版发行	中国财富出版社有限公司		
社　　址	北京市丰台区南四环西路 188 号 5 区 20 楼	邮政编码	100070
电　　话	010-52227588 转 2098（发行部）	010-52227588 转 321（总编室）	
	010-52227566（24 小时读者服务）	010-52227588 转 305（质检部）	
网　　址	http://www.cfpress.com.cn	排　版	宝蕾元
经　　销	新华书店	印　刷	宝蕾元仁浩（天津）印刷有限公司
书　　号	ISBN 978-7-5047-7674-7/F·3407		
开　　本	710mm×1000mm　1/16	版　次	2023 年 3 月第 1 版
印　　张	11.25	印　次	2023 年 3 月第 1 次印刷
字　　数	172 千字	定　价	58.00 元

版权所有·侵权必究·印装差错·负责调换

序言　中国发展战略目标是建设现代化经济体系[①]

党的十九大报告首次明确提出："中国特色社会主义进入了新时代，这是我国发展新的历史方位。"报告还首次提出建设现代化经济体系。这是我国跨越关口的迫切要求和我国发展的战略目标。

改革开放至今，党中央对我国社会主义经济建设战略目标精心谋划，先后提出以经济建设为中心（1986年党的十二届六中全会），经济现代化建设（2002年党的十六大报告、2007年党的十七大报告、2012年党的十八大报告），建设现代化经济体系（2017年党的十九大报告）。这成为创造"中国经济奇迹"的战略目标和路线图。

那么，在这一新时代和新的历史方位下，党中央为何提出建设现代化经济体系的重要部署？我们应当怎样理解现代化经济体系？又该如何建设现代化经济体系？

一、建设现代化经济体系的时代背景与发展背景

新时代意味着新特征，新特征意味着新任务，新任务需要新的战略谋划。党的十九大提出建设现代化经济体系，是我们党根据新时代的发展阶段、主

[①] 本文首发于《经济日报》，2017年10月27日第7版，原标题为《现代化经济体系：发展的战略目标》，内容有修改。

— I —

要矛盾和发展目标,对于如何实现社会主义经济现代化的历史命题,作出的历史回应、总体部署和扎实安排,这彰显出党中央总揽经济工作全局的远见卓识和高超的战略谋划能力。党的十九大报告明确指出,建设现代化经济体系是跨越关口的迫切要求和我国发展的战略目标,具体有以下三方面。

第一,这是由中国的发展阶段决定的。我国经济已由高速增长转向高质量发展阶段,正处在转变发展方式、优化经济结构、转换增长动力的攻关期,应坚持社会主义市场经济改革方向,发挥社会主义制度优势,更好地解决经济增长与资源环境等矛盾,使经济发展促进人的全面发展、社会全面进步。

第二,这是由中国的基本国情决定的。党的十九大报告首次指出,我国社会主要矛盾已经转化为人民日益增长的美好生活需要和不平衡不充分的发展之间的矛盾。人民对物质文化生活提出了更高要求,不仅在经济上,而且在文化、社会、生态等方面的要求日益增长,发展的不平衡、不充分问题已经成为经济发展的主要制约因素。这就必须坚持解放和发展社会生产力,坚持社会主义市场经济体制改革方向,建设现代化经济体制,推动经济持续健康发展。

第三,这是由中国的发展目标决定的。这一目标就是实现"两个一百年"奋斗目标,实现中华民族伟大复兴的中国梦,不断提高人民生活水平。现阶段是全面建成小康社会决胜阶段,建设现代化经济体系,深化供给侧结构性改革,坚决打好防范化解重大风险、精准脱贫、污染防治的攻坚战,确保如期实现"十三五"规划所提出的各项目标和任务。同时成功转向高质量发展阶段,成功迈向全球价值链中高端,成功跨越中等收入陷阱,成功迈向高收入水平,也为实现第二个百年奋斗目标打下基础。到本世纪中叶,把我国建成富强民主文明和谐美丽的社会主义现代化强国。建成现代化经济体系,是中国从高速增长阶段顺利转向高质量发展阶段的必然要求,是中国实现从富起来到强起来的必要保障,是创造人民美好生活的必由之路。

目前,我国已经基本完成社会主义初级阶段"上半场"的任务,基本实现工业化,迎来"下半场"的艰巨挑战。建设现代化经济体系,正是我国如期建成现代化强国的重要基础和物质保障。

二、什么是现代化的经济体系

什么是现代化的经济体系?与以往相比,它又具有哪些现代化因素和新的特征?到2035年,我们要建成什么样的现代化经济体?这至少包括以下几方面。

一是高质量的经济发展。以科技驱动代替要素驱动,形成以创新为第一动力的创新型国家,以绿色能源和循环经济实现经济增长与排放污染"脱钩",建成人与自然和谐共生的绿色经济模式。这就意味着中国将进入全面创新时代、绿色发展时代,将成为包括科技强国、质量强国、航天强国、网络强国、交通强国、数字国家和智慧社会在内的创新型国家。

二是高效益的经济水平。就是以服务业为主的经济体,一二三产业协调的现代产业体系,经济结构位于世界产业链、价值链中高端。

三是中高速的经济增速。中国的经济总量将稳居世界前列,增速保持世界前列,人均收入持续增长,中国进入高收入阶段。

四是高水平的农村发展。具有充分的农业综合生产能力、完善的现代农业产业体系、融合的城乡发展体制、现代化的农业科学技术,集体经济在国民经济中占有重要地位。农民收入与城市居民收入同步增长,并较快提高。

五是更平衡的地区格局。国家战略规划、跨地区战略规划、区域性战略规划衔接有序、配合有效。区域协调发展机制更加成熟,生产要素的配置和流动更为有效。跨地区的转移和互助机制逐步成型。形成以城市群为主体、陆海统筹、地区均衡的经济发展格局。

六是更完善的市场经济体制。市场经济同社会主义基本制度更为有机地结合起来,市场在国家宏观调控下对资源配置发挥基础性和更为有效的作用,这就包括更具活力的市场调节机制,更具竞争力的国有资产管理体制,更有效率的政府服务体制,以及更加安全有效的宏观调控体系与政策协调机制。

七是更全面的对外开放。沿海、内陆、沿边地区形成内外联动、东西互济的开放格局。中国成为贸易强国、对外投资强国,具备一批全球贸易中心、研发中心,以及面向全球的创新合作、产能合作、服务合作、投融资合作网络。

三、如何建设现代化经济体系

党的十九大报告对此指明了方向。

第一,必须以实体经济为经济发展的着力点。在经济结构上,要从传统的经济发展转变为现代的经济发展,从以农业主导、以工业主导的产业体系转变为一二三产业协调的现代产业体系,不仅拥有先进制造业,推动互联网、大数据、人工智能和实体经济深度融合,还必须形成若干世界级先进制造业集群,加快形成新的现代产业优势。建成以服务业,特别是现代服务业为主的经济体。

第二,加快培育新的增长点,形成新动能。进一步增强原始创新能力,提高科技的持续创新能力。不仅要实现原创成果的重大突破,更要形成对国民经济发展各重要领域的全方位战略支撑,加快科技创新的体制机制和人才机制的建设。增强科技力量,扩展科技资源,促进科技成果加快转化,造就一大批科技人才和高水平创新团队。在发展动力上,要从以自然资源、人力资源为主要驱动力转变为投资驱动、创新驱动,使人力资源和科技创新成为推动中国建成大发展、大繁荣的共同富裕社会的关键要素。

第三,推动农村建设事业大发展。重点推动农村基础设施建设,不断提高农村公共服务水平,全面改善农村生产生活条件,加快推进农业现代化水平,形成现代农业产业体系、生产体系、经营体系,建设产业兴旺、生态宜居、乡风文明、治理有效、生活富裕的社会主义现代化农村。形成集约化、专业化、组织化、社会化相结合的新型农业经营体系。着力在城乡规划、基础设施、公共服务等方面推进一体化,形成城乡要素平等交换和公共资源均衡配置新格局。

第四，加快推动地区发展新战略。中国广阔的中西部腹地为中国的产业转移留下了巨大的战略空间，未来中国的产业发展将展现全面的全球竞争力，中国的沿海地区将成为高附加值产业、高科技产业、现代服务业的开放高地和全球的创新工厂，内陆地区将成为制造业的开放高地和新的世界工厂。

第五，继续加强基础设施网络建设。注重投资的整体收益、长期回报与外部效益结合，从而减少物流瓶颈，降低生产原料的成本，最终带来更高的生产率和更快的经济增长。

第六，进一步全面提高开放型经济水平。实行更加积极主动的开放战略，完善互利共赢、多元平衡、安全高效的开放型经济体系。特别是全球南方国家成为全球经济增长的重要驱动力，将为中国的发展创造巨大的市场空间、投资空间、就业空间。中国培育一批世界水平的跨国公司。以"一带一路"倡议为代表，统筹双边、多边、区域次区域开放合作，加快实施自由贸易区战略，推动同周边国家互联互通。

现代化经济体系的建设，将极大推动中国经济的内生增长，极大激发以新型工业化、城镇化、信息化与数字化、国际化与全球化、基础设施现代化为核心的"五大经济引擎"，这将是人类历史上规模最大、速度最快的现代化进程，为中国经济保持高质量的稳定增长提供源源不断的内生动力。

四、结语

近代以来，中国从来没有像今天这样处于民族伟大复兴的黄金时期，这是中华民族千载难逢的重要历史机遇。中国正在成为世界现代化经济体系创新者、领先者、贡献者。

党的十九大报告首次提出建设现代化经济体系的重要战略目标，旨在解放和发展社会生产力，坚持社会主义市场经济改革方向，加速各类现代化要素的投入和积累，全面释放改革红利，激发全社会创造力和发展活力，不断

大国经济

增强我国经济创新力和竞争力，努力实现更高质量、更有效率、更加公平、更可持续的发展。

中国建设现代化经济体系，首先，是中国社会主义特色而不是西方资本主义特色，这就是一个社会主义国家牢牢坚持"以人民为中心"的发展理念，从摆脱贫困到小康，再到全体富裕，进而夺取全面现代化胜利的自主发展历程；其次，这将推动全面现代化而不仅是经济现代化，这就包括政治现代化（指全面改革）、文化现代化（指文化发展）、社会现代化（指社会发展）、生态文明现代化（指生态建设）以及国防和军队现代化；最后，这还是创新和完善社会主义市场经济体制的重大成果，实现资源配置方式的现代化，从而防止了西方式自由经济的自发性与盲目性，避免了资本主义市场经济的经济危机和债务危机。可以说，中国经济现代化的社会主义新路，已经超越了以经济现代化、物质现代化为标志的西方现代化老路，克服了"西方道路"的局限性。党的十九大之后，中国的经济现代化建设的新征程，不仅将为中国经济巨轮的行稳致远保驾护航，还将为全球南方国家发展和人类共同进步提供和分享中国经验、中国创新、中国道路。

胡鞍钢　张新

绪论

本书围绕习近平新时代中国特色社会主义经济思想（新时代中国特色社会主义经济思想）的理论内涵与现实意义，基于马克思主义政治经济学的视角，对新时代中国特色社会主义经济思想体系的理论来源、理论核心性质、基本框架和主要内容进行详细阐述，并对党的十九大报告提出新时代中国特色社会主义建设以及"两步走"现代化战略的发展路径展开研究。

本书的研究主线，是根据党的十九大报告已确立的"两步走"这一重大现代化发展战略，通过系统归纳党的十八大以来我们党在经济领域的治国理政实践，对新时代中国特色社会主义经济思想这一新时代中国特色社会主义经济改革实践的发展新理论进行总结和凝练。

本书的研究指出，新时代中国特色社会主义经济思想具有伟大的理论特质与实践基因，它深深根植于中国的改革开放实践，其理论根源在于对马克思主义政治经济理论的传承、发展与重大理论创新；新时代中国特色社会主义经济思想是科学的方法论体系，是基于马克思主义政治经济学的研究方法与研究视角，对中国特色社会主义经济建设的基本规律的科学凝练；新时代中国特色社会主义经济思想是中国特色社会主义经济建设的指导理论，包含一系列重大判断、重要举措，其基本框架与主要政策体系，是对中国特色社会主义建设的成功经验与发展历程的科学总结与系统归纳；新时代中国特色社会主义经济思想是新时代中国特色社会主义经济建设的思想指南与行动路线图；建立适应和引领发展新常态的宏观经济调控体系、现代化经济体系以及实施创新驱动战略，为我国2050年建成社会主义现代化强国提供重要经验与支撑。

本书包括八个章节。

第一章是新时代中国特色社会主义经济思想的理论体系与方法论。新时代中国特色社会主义经济思想就是"人民发展经济学"，它来源于中国实践，又指导中国实践。党的十八大以来，以习近平同志为核心的党中央，从如何认识、适应和引领新常态开始，初步确立了与发展新常态相关的经济政策体系，形成了以新常态为总逻辑、新发展理念为总引领、发挥市场决定作用为总核心、稳中求进为工作总基调、供给侧结构性改革为主线的政策框架，构成了新时代中国特色社会主义经济思想的理论支柱。新时代中国特色社会主义经济思想既包括认识论，也包括方法论和世界观，这既是对马克思主义政治经济学的创新性发展，又是与宏观经济理论的创造性融合，不仅是"中国之道"，更是"世界之道"，不仅是推动更长时期中国经济发展的理论指引，更会成为推动世界从"逆全球化"走向"新全球化"的思想号召。

第二章是新时代中国特色社会主义经济思想的政策体系与实践框架。这是新时代中国特色社会主义经济思想的实践内容与现实意义。党的十八大以来，以习近平同志为核心的党中央，致力于解决中国经济当前和较长时期内"怎么看""怎么干"的实际问题。具体来说，新时代中国特色社会主义经济思想作出了中国经济进入新常态的重大判断。

特别是2016年年底以来，中央经济工作会议首次明确提出并初步确立了适应经济发展新常态的经济政策框架。新常态下经济政策框架的建立，标志着新时代中国特色社会主义经济思想的实践基础初步形成，其提出的目标任务、发展理念、工作基调、改革主线、政策举措，将成为认识、适应、引领经济新常态的指南。

坚持利用好国内国际两个市场、两种资源，在全球范围优化资源配置，为中国改造提升传统动能、培育发展新动能创造条件，全面提升中国经济的开放发展水平，是十八大以来我国经济政策框架从中国走向世界的重要特征，也是其产生示范效应和外溢效应的重要原因。因此，新时代中国特色社会主义经济思想不仅是以供给侧结构性改革为主线的国内政策框架，还是开放型国际政策倡议体系。

第三章是对新时代中国特色社会主义经济思想中宏观调控的理论与政策实践的聚焦研究。在充分认识新时代中国特色社会主义经济思想体系与政策实践框架的基础上，笔者对以高质量经济发展为目标的我国宏观调控理论与总体思路进行了研究，着重分析了党的领导在宏观调控制度设计和实施中的优势，对比了中国与西方国家在调控经济周期指导理论与设计思路上的不同，并系统地梳理了新时期我国宏观调控形成的理论创新与实践成果。

本章对新时代中国特色社会主义宏观调控理论框架与主要机制措施、取得的成效与主要经验、主要目标与任务、逆周期调节机制以及特殊机制优势等进行了较为系统的研究。

第一，在宏观调控理论框架与主要机制措施中，本章分析了货币政策和财政政策的基础理论框架和相应基本政策策略，进一步讨论了数量型货币政策和价格型货币政策之间的关系与权衡。第二，在成效与主要经验中，本章提出，保持政策定力是决定大国经济宏观调控成败的关键，只有保持稳定的增长环境，才能够为调控赢得关键的政策空间和调控余地。第三，在主要目标与任务中，本章指出，中国特色宏观调控要解决的首要问题是政府和市场的关系问题，中国特色宏观调控的核心，就是要更好地把"有效市场"和"有为政府"结合起来，另外需要面临和处理好城乡协同发展关系、经济发展和社会发展的关系、人和自然的关系、国内与国际的关系。中国特色宏观调控的主要任务是通过供给侧结构性改革，解决当前经济发展中的结构性矛盾，解决经济发展不平衡、不充分和不可持续的问题。第四，在中国宏观调控的逆周期调节机制中，本章指出中国经济周期波动根源于外部冲击，有内生性特点，这就使得中国特色的宏观调控体系，一方面需要注重扩大就业、稳定物价、保持增长、维持国际收支平衡等常规的宏观经济目标，熨平商业周期的波动；另一方面更需要增强宏观政策的协同性，降低政治性周期对市场的冲击，调整经济结构、提高经济效益、防控经济和金融风险、保护生态环境，为结构性改革和经济的健康可持续发展营造稳定的宏观经济环境。第五，本章分析了中国创新宏观调控的特殊机制优势。总的来说，中国宏观调控体系的建立与创新，实质上是围绕宏观调控的指导、决策、实施建立一个跨中央地方、跨部门协调的体制机制，最大程度形成宏观调控共识和政策实施的合力。这不仅大大降低了内外部经济决策信息不对称性，缩短了经济决策的时滞，而且大大降低了政策执行的制度成本和运行成本，同时政策实施的协同性大大提高。

第四章是对新时代中国特色社会主义经济思想中现代化经济体系论的理论与经验的聚焦研究。党的十九大报告首次提出"现代化经济体系"的概念，强调我国经济已由高速增长阶段转向高质量发展阶段，正处在转变发展方式、优化经济结构、转换增长动力的攻关期，建设现代化经济体系是跨越关口的迫切要求和我国发展的战略目标。建设现代化经济体系是新时代中国特色社会主义经济思想中，关于中国特色社会主义经济建设理论的重要内容，旨在坚持社会主义市场经济改革方向，解放和发展社会生产力，不断增强经济创新力和竞争力，努力实现更高质量、更有效率、更加公平、更可持续的发展。本部分研究基于马克思主义政治经济学的理论逻辑、中国特色社会主义经济建设的历史演进以及发达国家现代化历程的国际经验，对建设现代化经济体系的目标、规律和形成机制进行了探讨。

从马克思主义政治经济学的理论逻辑来看，建设现代化经济体系的目标包括：其一，结构性目标，通过深入推进供给侧结构性改革，促进供需实现高水平动态平衡；其二，增长性目标，经济发展在质量变革、效率变革、动力变革上取得实质性成效，根本实现发展方式的转变、经济结构的优化、增长动力的转换；其三，体制性目标，市场配置机制更加有效、市场经济主体更有活力、国家宏观调控更为有度；其四，竞争性目标，通过构建更具竞争力和活力的现代化经济体系，推动我国经济实力、科技实力、综合国力大幅跃升。

从中国特色社会主义经济建设的历史演进来看，建设中国特色社会主义现代化经济体系，就要不断清晰我国现代化发展的内涵与路径，不断加深国情发展认识，以我国实际和现代化发展的阶段要求为依据，不断设定现代化经济体系的阶段目标及内涵，不断调整和完善经济现代化建设的总布局，不断构建和充实现代化经济建设的战略部署，不断加深经济体系内部的相互联系与融合，不断扩展和加强经济领域与其他领域现代化建设的支撑关系。

从发达国家现代化历程的国际经验来看，现代化经济体系的形成离不开以下发生机制：第一，形成国内统一大市场；第二，经济实体化、高度工业化；第三，教育普及与人力资本积累；第四，以全面创新引领现代化发展；第五，保证社会稳定，提高人民生活水平；第六，加入开放经济，推动经济全球化；第七，政府的积极作为与推动引导。

第五章是对新时代中国特色社会主义经济思想中重大战略——建设现代化经济体系的政策框架的聚焦研究。党的十九大报告首次明确提出，中国特色社会主义进入新时代，这是我国发展新的历史方位。该报告还首次提出建设现代化经济体系的设想，这是我国跨越关口的迫切要求和我国发展的战略目标，建设现代化经济体系是新时代中国特色社会主义经济思想的直接体现。本部分对现代化经济体系的内涵、特征、主要内容，建设现代化经济体系的战略路径以及政策建议进行了较为深入的探讨。

其一，从现代化经济体系的内涵来看，现代化经济体系是现代化生产力和现代化生产关系的综合；现代化经济体系要以人类发展为追求推动高质量发展，要以新发展理念为引领满足人民日益增长的美好生活需要，要以提高效益、实现平衡充分发展为主要任务。

因此，现代化经济体系主要特征可以概括为：高质量的经济发展、高效益的经济水平、中高速的经济增速、高水平的农村发展、更平衡的地区格局、更完善的市场经济体制、更全面的对外开放。主要内容包括：创新引领、协同发展的产业体系；统一开放、竞争有序的市场体系；体现效率、促进公平的收入分配体系；彰显优势、协调联动的城乡区域发展体系；资源节约、环境友好的绿色发展体系；多元平衡、安全高效的全面开放体系；充分发挥市场作用、更好发挥政府作用的经济体制；等等。

其二，我国建设现代化经济体系的总体目标，是实现"三大变革一大提高"，要推动经济发展的质量变革、效率变革、动力变革，最终提高社会全要素生产力。建设现代化经济体系的战略路径，要从"破"（破除旧结构）、"强"（增强新动能）、"降"（降低实体经济成本）、"补"（补足经济社会发展短板）四个方面着手。坚持质量第一、效率优先的原则；必须提高供给结构的灵活性与适应性，推动供给能力的提升。建设现代化经济体系的主要任务，必须以实体经济为经济发展的着力点；加快培育新的增长点，形成新动能；不断增强金融服务实体经济能力；增强和优化人力资本，支撑经济发展；推动农村现代化建设大发展；加快推动地区发展新战略；进一步全面提高开放型经济水平。

其三，本章提出，建设现代化经济体系，首先应充分响应国家五年规划；其次在现代化经济政策体系的设计思路上，要坚持与国家和区域发展战略有效衔接，通过高质量发展提升发展能级、变革发展方式、完善发展体系、提升发展品质；最后要构建现代化经济体系的政策体系，包括现代化实体经济发展政策、现代化创新驱动发展政策、现代化区域城乡协调发展政策、现代化开放发展政策、现代化生态环保政策和现代化收入分配政策。

第六章是对新时代中国特色社会主义经济思想中的创新发展理论的聚焦研究。从当前经济发展的阶段性特征来看，中国正进入从高增速向中高增速变化、从供需两侧矛盾向结构优化转变、从要素资本驱动向创新驱动转换的经济发展新常态。只有坚持创新发展，才能为破解经济社会发展难题提供新思路，为经济社会发展提供新动力，跨越中等收入陷阱、引领经济新常态，实现我国经济由大到强的历史性转变。

党的十八届五中全会提出创新、协调、绿色、开放、共享的发展理念，把创新放在五大发展理念之首，强调创新是引领发展的第一动力，必须把创新摆在国家发展全局的核心位置，这体现了党中央统揽全局、与时俱进引领经济新常态的广阔视野。党中央此次提出的创新发展理念,是新时代中国特色社会主义经济思想在中国特色社会主义建设理论上与时俱进的集中体现,在中国传统哲学、西方熊彼特思想和马克思主义政治经济学这三者的基础上,为创新赋予了更加深刻、丰富的实践内涵。其一,创新发展不同于资本主义的经济价值创新,是社会价值的全面创新。其二,创新发展不限于科学技术的创新,是多种机制的集成创新。其三,以人为本、以人民为本,是创新发展的出发点、落脚点和核心点。由此,中国的创新发展将大大超越人类历史上任何一次创新活动。

把创新发展作为引领经济发展新常态的核心与关键,不仅是新时代中国特色社会主义经济思想与中国共产党发展理念的最新体现,丰富了中国特色社会主义发展观的新内涵,还是党中央对治国理政的最佳实践总结,是党中央执政兴国思路的拓展和升华,这将对我国未来经济社会各领域、各环节的改革和发展产生重大深远影响,引发广泛深刻变革。创新发展对于实现中华民族伟大复兴的百年梦想,具有重大现实意义和深远历史意义。

第七章是对新时代中国特色社会主义经济思想中的创新发展战略的研究,即对中国特色社会主义经济建设的重要路径——加快建成创新强国的聚焦研究。党的十九大报告强调,创新是引领发展第一动力,是建设现代化经济体系的战略支撑。"十四五"时期是我国迈向第二个百年奋斗目标的开局期,是迈向创新型国家前列、如期建成世界创新强国的开局期。要把加快建成创新型国家作为"十四五"现代化建设全局的战略举措,坚定实施创新驱动发展战略,强化创新第一动力的地位和作用,不断提高创新质量,实现创新对高质量发展的全面引领。本部分通过对"十三五"时期我国创新发展现状的评估,研究我国创新发展的战略背景和重大问题,提出创新发展主要思路、发展目标与重点任务等。

总体来说,经过"十三五"时期的快速发展,我国已经稳步迈入创新型国家行列,科技创新水平已经在若干前沿领域处于世界前列,进入"领跑"阶段。我国科技发展正在进入由量的增长向质的提升的跃升期,加快建成创新强国已具备可靠的物质基础、技术基础和人才基础。但同时要看到，我国的综合创新能力仍然处于世界第二阵营，创新发展不平衡不充分等问题仍较突出。

"十四五"时期，我国进入创新发展期：第一，实现创新全面引领的关键期；第二，全球第四次工业革命战略机遇期；第三，向高收入阶段迈进的重要期。

"十四五"时期，我国创新发展总思路是加快建成创新强国，推动创新高质量发展、实现创新全面引领。把"改革、开放、创新"作为基本国策，把创新摆在国家发展全局的核心位置，坚定不移地走新时代中国特色自主创新道路，坚持自主创新、全面跨域、引领发展、贡献人类的方针。"十四五"时期，我国创新发展总目标是全社会创新能力大幅度提升，创新全面引领成效显著，进入世界创新型国家和人才强国前列（前10位），科技实力稳居世界前三位，科技水平进入世界前列，对世界科技创新与科学发展作出重大贡献。"十四五"时期，我国创新发展的重大任务，是继续坚持把经济社会发展的基点放在创新驱动上，在创新发展中处理好政府与市场、自主创新与开放创新、科技创新与其他领域创新的关系，全面推进中国特色国家创新体系建设。加快构建基础科学研究体系，加强基础科学能力；加快形成核心技术突破体系，提高自主创新能力；加快完善市场创新转化体系，提升市场创新转化能力；加快建设创新引领、协调发展的现代化经济体系，充分发挥创新对经济社会发展的战略引领与关键支撑作用；加快构建多层次创新人才储用体系，提升全社会创新意识和能力；加快形成多中心区域创新布局，激发区域创新活力；加快建成更加开放的国际创新体系，增强国际科技话语权；加快整合创新支撑政策体系，提升国家创新体系的总效能；加快研究创新战略的方法体系，提升国家创新规划能力。

第八章是以新发展理念驱动我国实现高质量发展，主要是对党的十八大以来推动我国经济实现高质量发展的核心理念、理论，以及结合实践与政策架构的梳理总结。

十八大以来，我们党对经济社会发展提出了许多重大理念和理论，其中，"以人民为中心"和新发展理念是最重要、最主要的。

"以人民为中心"从根本上回答了中国特色社会主义"为谁发展"的问题。当前，"以人民为中心"是为了更好满足人民日益增长的美好生活需要，满足人民在教育、环境、公平、参与等方面持续增加的需求。新发展理念提出创新、协调、绿色、开放、共享，这就要求各种资源配置更加均衡，同时，除了发展的总量增长，还要关注发展的质量，包括环境保护、教育科技、社会保障、区域平衡等方面的提升。提出新发展理念，既是我们党对国情变化和发展规律的清醒理解，更是对发展目的和未来环境的前瞻把握，因此将成为当前和将来更长一段时期国家发展的核心理念与思想指导。坚持新发展理念，将带来更符合现代化理念的发展，将更有利于人类命运共同体的建设。

新发展理念是新时代中国特色社会主义思想的重要理念之一，完整定义了高质量发展的要求：创新发展强调把经济增长的引擎从要素投入转向生产率提高；协调发展着眼于改善诸如城乡之间，东中西部地区之间，出口、投资和消费"三驾马车"之间等一系列平衡关系；绿色发展着眼于应对气候变化、环境保护和资源可持续性等方面的挑战；开放发展表明了中国继续对外开放、积极参与全球化的决心；共享发展是对解决诸如收入差距和基本公共服务供给不均等问题的部署。

回顾"十三五"以来我国经济政策制定和演进发展的历程，可以看到，高质量发展目标是历次中央经济工作会议通过对经济形势进行科学判断、对发展理念和思路作出及时调整、对经济工作进行精心安排和周密部署，逐步形成并清晰勾勒的。从明确坚持"稳中求进"工作总基调到提出"由高速增长阶段转向高质量发展阶段"，我们党领导着我国经济社会发展不断取得历史性成就、发生历史性变革。

本书的学术价值和应用价值体现在：①本书在新时代中国特色社会主义经济思想的理论构建基础上，深化新时代中国特色社会主义经济思想政策框架系统与机制分析；②本书对标党的十九大报告"两步走"战略任务，对新时代中国特色社会主义经济思想指导现代化建设路径进行初步探讨；③本书通过新时代中国特色社会主义经济思想与当代西方经济理论的比较研究，为认识我国高质量发展提供建议。

本书可能的研究创新体现在：①研究方法与研究视角的独特性，本书以马克思主义政治经济学的研究方法与研究视角，对新时代中国特色社会主义经济思想中社会主义市场经济运行规律的认识和实践进行深入总结；②研究内容与研究范围的创新性，就新时代中国特色社会主义经济思想的构建体系来说，本书回答了新时代中国特色社会主义市场经济建设为了什么、为谁发展、发展什么样的生产力（物质生产力、经济生产力、科技生产力、生态生产力等），以及如何调整生产关系以推进生产力发展等一系列重大理论和实践问题，从这一点上说，新时代中国特色社会主义经济思想大大推动了马克思主义政治经济学的中国化和系统化。

本书成果的研究与出版得到中宣部全国哲学社会科学规划办国家高端智库建设项目、北京市习近平新时代中国特色社会主义思想研究中心项目、清华大学文科振兴基金基础研究专项（十九大专项）的资助，在此表示感谢！

2022 年 11 月于清华园

（注：本书成稿较早，作者于 2020 年之前已基本完成书稿撰写工作，故书中对 2020 年的情况论述多为预测，部分预测内容与现实情况有一定出入，为保证文稿结构完整性，对书稿中的预测内容进行了保留。）

目录

第一章
新时代中国特色社会主义经济思想的理论体系与方法论 / 1

    1.1 新时代中国特色社会主义经济思想的时代背景 / 2

    1.2 新时代中国特色社会主义经济思想的认识论 / 3

    1.3 新时代中国特色社会主义经济思想的方法论 / 7

    1.4 新时代中国特色社会主义经济思想的世界观 / 10

第二章
新时代中国特色社会主义经济思想的政策体系与实践框架 / 13

    2.1 新时代中国特色社会主义经济政策体系的背景：经济发展进入新常态 / 13

    2.2 新时代中国特色社会主义经济政策体系的基本性质 / 14

    2.3 新时代中国特色社会主义经济政策体系的主体内容 / 15

    2.4 新时代中国特色社会主义经济政策体系与实践框架：从中国方案到世界倡议 / 18

    2.5 结论：新时代中国特色社会主义经济政策体系与实践框架的基本形成 / 19

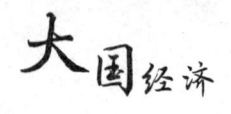

第三章
新时代中国特色社会主义经济思想中宏观调控的理论与政策实践 / 20

- 3.1 认识、完善与创新中国特色宏观调控体系 / 22
- 3.2 国际宏观经济调控理论框架与主要机制比较 / 24
- 3.3 中国特色宏观经济调控的成功经验 / 26
- 3.4 中国特色宏观调控面对的主要目标与任务 / 30
- 3.5 应对贸易冲击、加快完善中国特色社会主义宏观调控体系 / 33

第四章
新时代中国特色社会主义经济思想中现代化经济体系的理论与经验 / 39

- 4.1 基于马克思主义政治经济学的理论逻辑 / 40
- 4.2 基于中国特色社会主义经济建设的历史演进 / 44
- 4.3 基于发达国家现代化历程的国际经验 / 54
- 4.4 总结：认识建设现代化经济体系的基本规律 / 60

第五章
建设现代化经济体系的政策框架 / 62

- 5.1 建设现代化经济体系的内涵、特征、主要内容 / 63
- 5.2 建设现代化经济体系的战略路径 / 68
- 5.3 建设现代化经济体系的政策建议 / 73

第六章
新时代中国特色社会主义经济思想中的创新发展理论 / 78

- 6.1 从后工业化时代到创新时代 / 79
- 6.2 创新发展：从后工业化时代到创新时代 / 89
- 6.3 从要素驱动向创新驱动发展的国际经验 / 93
- 6.4 新时代中国特色社会主义经济思想的创新发展理论与实践 / 96

第七章

新时代中国特色社会主义经济思想中的创新发展战略 / 106

  7.1 "十三五"时期创新发展情况的评估 / 106

  7.2 "十三五"时期我国已进入高质量创新发展阶段 / 108

  7.3 "十四五"时期我国进入创新发展期 / 114

  7.4 "十四五"时期我国创新发展的思路、目标与总体部署 / 116

  7.5 "十四五"时期我国创新发展的重大任务 / 120

第八章

以新发展理念驱动我国实现高质量发展 / 125

  8.1 2016 年：中国经济巨轮为何"稳中求进" / 126

  8.2 2017 年：中国经济开启高质量发展之路 / 130

  8.3 2018 年：三大政策体系推动高质量发展 / 138

  8.4 面向 2050：坚持高质量发展　建成世界现代化经济强国 / 143

参考文献 / 153

第一章
新时代中国特色社会主义经济思想的理论体系与方法论

没有建设的理论，难有建设的事业。中国经济进入新常态，在前进的过程中面临诸多暗礁险滩。因此，中国巨轮行稳致远更需要中国特色经济理论科学引航。党的十八大以来，以习近平同志为核心的党中央，从如何认识、适应和引领新常态开始，初步确立了与发展新常态相关的经济政策体系，形成了以新常态为总逻辑、新发展理念为总引领、发挥市场决定作用为总核心、稳中求进为工作总基调、供给侧结构性改革为主线的政策框架，构成了新时代中国特色社会主义经济思想的理论支柱。更为重要的是，这一政策框架的实施，在短短三年内就取得明显成效，中国经济逐步趋稳，稳中向好、稳中有进，"十三五"实现开门红，推动我国经济增长继续走在世界前列。这一成果不仅为世人瞩目，更令世界赞叹。

本章基于政治经济学的视角，对新时代中国特色社会主义经济思想的背景、性质、内容和意义进行了详细阐述。笔者认为，新时代中国特色社会主义经济思想来源于中国实践，又指导中国实践，它既是对马克思主义政治经济学的创新性发展，又是与宏观经济理论的创造性融合，不仅是"中国之道"，更是"世界之道"，不仅是推动"十三五"乃至更长时期中国经济发展的理论指引，更会成为推动世界从"逆全球化"走向"新全球化"的思想号召。

1.1 新时代中国特色社会主义经济思想的时代背景

时代是思想之母,实践是理论之源。中国进入伟大的新时代,必然产生伟大的新思想,中国正在经历世界上最大规模的经济发展实践,必然产生影响世界的伟大思想。可以说,新时代中国特色社会主义经济思想就是人民发展经济学。新时代中国特色社会主义经济思想不是凭空产生的,也不是教科书给出的现成答案,而是有其特定的时代背景和鲜明的实践来源。

新时代中国特色社会主义经济思想产生的时代背景主要是以下五点。

第一,我国社会主义初级阶段的社会性质没有变。改革开放至今,我国发生天翻地覆的变化,全体人民发展能力、发展水平不断提高;人民生活水平不断提高,从贫困到温饱,从小康水平到小康社会,再到全体人民共同富裕、更加富裕;我国由不发达到欠发达状态,逐步转变走向中等发达国家,从传统农业国逐步转变到实现工业化、信息化、城镇化、现代化,但是依然处在社会主义初级阶段。

第二,我国仍然是世界上最大的发展中国家。虽然我国经济总量已居世界前列,但人均国内生产总值仍未处于世界前列;我国是世界人口大国,但人类发展指数仍处于中游水平;我国劳动生产率仍与美国有相当大的差距。

第三,我国社会的主要矛盾已经发生转化。中国特色社会主义进入新时代,我国社会的主要矛盾已经转化为人民日益增长的美好生活需要和不平衡不充分的发展之间的矛盾。

第四,我国从高速增长转向高质量发展。我国发展方式从规模速度型转向质量效益型,经济结构从主要依靠增量扩能转向调整存量做优增量并举,发展动力从主要依靠资源和低成本劳动力等要素驱动转向创新和人才驱动。

第五,我国从兴国时代转向强国时代。党的十八大以来,我国在世界上的地位和作用发生了根本性的变化,已经进入世界舞台中心,目前正处在兴

第一章
新时代中国特色社会主义经济思想的理论体系与方法论

国与强国交汇的历史方位。特别是党的十九大报告中提出建设"富强民主文明和谐美丽的社会主义现代化强国"的总目标,以及建设制造强国、科技强国、质量强国、航天强国、网络强国、交通强国、文化强国、教育强国等11个具体目标①,这意味着我国迈上了新征程。为什么要加上"社会主义"这个前缀呢?因为在此之前的情况是"强国必霸",而社会主义强国则意味着"中国越强大,世界越受益"。

1.2 新时代中国特色社会主义经济思想的认识论

新时代中国特色社会主义经济思想,来源于对中国这样一个长期发展不平衡、不协调、不可持续的发展中大国,如何建设社会主义市场经济的不断认识和思考。新时代中国特色社会主义经济思想的产生和发展,是立足我国国情和发展实践,对当代中国马克思主义政治经济学的重要理论创新。党的十八大以来,新时代中国特色社会主义经济思想在推进中国经济社会平稳协调发展中,已经显示出巨大的指导意义,是经过实践检验、符合中国实际的正确发展经验,新时代中国特色社会主义经济思想已经初步形成了包括认识论和方法论在内的完整体系。更重要的是,党的十八大以来中国宏观经济政策框架已经逐步从注重国内宏观调控,向加强国内国际政策协调转变,这不

---

① 十九大报告中提出,"这个新时代,是承前启后、继往开来、在新的历史条件下继续夺取中国特色社会主义伟大胜利的时代,是决胜全面建成小康社会、进而全面建设社会主义现代化强国的时代""加快建设制造强国,加快发展先进制造业,推动互联网、大数据、人工智能和实体经济深度融合,在中高端消费、创新引领、绿色低碳、共享经济、现代供应链、人力资本服务等领域培育新增长点、形成新动能""加强应用基础研究,拓展实施国家重大科技项目,突出关键共性技术、前沿引领技术、现代工程技术、颠覆性技术创新,为建设科技强国、质量强国、航天强国、网络强国、交通强国、数字中国、智慧社会提供有力支撑""加快边疆发展,确保边疆巩固、边境安全。坚持陆海统筹,加快建设海洋强国""拓展对外贸易,培育贸易新业态新模式,推进贸易强国建设""要坚持中国特色社会主义文化发展道路,激发全民族文化创新创造活力,建设社会主义文化强国""广泛开展全民健身活动,加快推进体育强国建设,筹办好北京冬奥会、冬残奥会""建设教育强国是中华民族伟大复兴的基础工程,必须把教育事业放在优先位置,加快教育现代化,办好人民满意的教育"。

仅体现出重要的政策意义,也成为新时代中国特色社会主义经济思想的重要标志和突出特征。

1.2.1 以人民为中心的发展论

新时代中国特色社会主义经济思想的宗旨,是坚持人民主体地位,以人的全面发展为根本目的。实践说明,发展才是硬道理,发展是解决我国一切问题的基础和关键。中国共产党领导下新中国的社会主义建设事业,首先要解决的就是为谁发展的问题,就是要不断发展以人民为中心的生产力。

邓小平曾指出,社会主义的本质是解放生产力,发展生产力,消灭剥削,消除两极分化,最终达到共同富裕。党的十一届三中全会以来,我们党始终坚持以经济建设为中心,其根本在于"要不断满足人民日益增长的物质文化需要,必须坚持发展是硬道理的战略思想,集中精力把经济建设搞上去,把人民生活搞上去"。党的十八届五中全会上,党中央鲜明地提出要坚持以人民为中心的发展思想,把增进人民福祉、促进人的全面发展、朝着共同富裕方向稳步前进作为经济发展的出发点和落脚点。习近平总书记明确指出,"以人民为中心的发展思想,不是一个抽象的、玄奥的概念,不能只停留在口头上、止步于思想环节,而要体现在经济社会发展各个环节。"[1] 经济发展是为了"更好推动人的全面发展、社会全面进步"[2],这是对为谁发展的最好回答,不仅统领中国发展新理念,而且贯穿现代化建设"五位一体"的总体布局和"四个全面"的战略布局。

可以说,以人民为中心,决定着我国现代化建设的各个方面、各个环节,是新时代中国特色社会主义经济思想认识论的起点和根源,是党的十八大以

---

[1] 习近平在省部级主要领导干部学习贯彻党的十八届五中全会精神专题研讨班上的讲话,2016年1月18日。

[2] 习近平在省部级主要领导干部"学习习近平总书记重要讲话精神,迎接党的十九大"专题研讨班开班式上发表重要讲话,2017年7月27日。

来我国宏观经济政策坚持的基本路线。

1.2.2 经济发展的新常态论

在认识和解决经济发展中的各类问题时，习近平总书记准确把握中国经济社会发展的固有矛盾，指出，"我国仍处于并将长期处于社会主义初级阶段的基本国情没有变，我国是世界最大发展中国家的国际地位没有变"，并坚持唯物辩证方法，科学分析了国内国际的形势变化，进一步提出中国经济发展的新常态论。这是新时代中国特色社会主义经济思想的新判断，是新的历史条件下中国宏观经济政策的总认识和总依据。

这体现在，步入 21 世纪之后，中国进入了中等收入阶段，其中第一个十年处于下中等收入阶段，仍然保持了高速经济增长；第二个十年进入上中等收入阶段，除了受国际金融危机影响之外，也呈现了与以往大为不同的新的发展趋势和发展特点。

2013 年至 2014 年，党中央提出了"三期叠加"的判断，习近平总书记于 2014 年 5 月考察河南时首次提出新常态的论断，要求"从当前我国经济发展的阶段性特征出发，适应新常态，保持战略上的平常心态"。同年 12 月，习近平总书记在中央经济工作会议上首次系统地阐述了中国经济新常态在消费需求、投资需求、出口和国际收支、生产能力和产业组织方式、生产要素相对优势、市场竞争特点、资源环境约束、经济风险积累和化解以及资源配置模式和宏观调控方式方面的九大基本趋势。

总体来说，经济发展的新常态论认为，当前中国经济社会发展的主要矛盾，不在于生产力发展的总量上，而更多在生产力发展的结构上，这主要体现为产能过剩和需求结构升级的矛盾上，从而导致经济增长内生动力不足，金融风险积聚，部分地区困难增多。

中国特色社会主义经济体制建设，就是要通过不断改革、加快开放，解决生产关系与生产力的结构性矛盾，解决上层建筑和经济基础的结构性矛盾。这就必须把适应新常态、把握新常态、引领新常态作为贯穿发展全局和全过程的大逻辑，坚持把供给侧结构性改革作为经济发展和经济工作的主线，着力解决制约发展的结构性、体制性矛盾和问题，着力解决供给侧与需求侧之间的不平衡状态，着力解决供给结构与市场需求脱节造成的"市场失灵"，进而推进中国经济结构的整体优化升级。

1.2.3　关于经济发展阶段的论述

面对当前我国经济发展所处的特定历史阶段，习近平总书记及时作出中国经济发展进入新常态的重大判断，这一关键的全局性认识对于中国持续性发展具有重要引领性作用。更为重要的是，为了适应和引领新常态，必须进一步认识到，当前我国经济发展从下中等收入阶段突破"中等收入陷阱"进而迈向高收入水平，不能再依靠要素积累、资本积累，甚至技术积累来驱动发展，必须转而依靠创新驱动，着力调整优化经济结构、推进发展方式转变，着力推进创新驱动发展，着力推进新型工业化、信息化、城镇化、农业现代化同步发展，推动我国经济向形态更高级、分工更优化、结构更合理的阶段演进。[①] 对此，习近平总书记提出了五大发展理念，其中特别强调把创新作为引领发展的第一动力，把创新摆在国家发展全局的核心位置，最终目的是回归以人民为中心的发展论——实现人的全面发展和社会的全面进步。

如果说以人民为中心的发展论是新时代中国特色社会主义经济思想对于不断发展生产力的历史继承与发展，经济发展的新常态论是关于不断调整生产关系的必要性的时代创新，那么关于经济发展阶段的论述则是新时代中国特色社会主义经济思想中对中国经济发展规律的理论创见。这就从认识论的角度形成了新时代中国特色社会主义经济思想完整的理论体系。

---

① 习近平2016年10月27日在党的十八届六中全会第二次全体会议上的讲话。

1.3 新时代中国特色社会主义经济思想的方法论

1.3.1 不断深化改革,应对矛盾与挑战的根本方法

实践发展永无止境,解放思想永无止境,改革开放也永无止境,改革开放只有进行时、没有完成时。始终坚定不移地推进改革向纵深发展,是新时代中国特色社会主义经济思想的核心方法论。

"改革"这一发展主线,其本质就是不断通过制度变革完善上层建筑、调整生产关系、解放生产力,以适应和应对经济中高速增长所产生的经济社会发展的急剧变化。党的十八大以来我们党部署全面深化改革方案,党的十八届三中全会审议通过《中共中央关于全面深化改革若干重大问题的决定》,全党全国已经把改革作为解决现实问题的根本方法。习近平总书记强调,改革必须"保持战略定力,保持政治坚定性,明确政治定位",要统筹推进各领域改革,通过全面的系统的改革和改进,着眼于制度完善的聚合与集成,推进我国的制度文明。

1.3.2 开放是带动创新、推动改革、促进发展的重要途径

改革与开放密不可分,"改革开放只有进行时没有完成时","改革不停顿,开放不止步"。新时代中国特色社会主义经济政策要求必须坚持深化开放,坚持利用好国内国际两个市场、两种资源,在全球范围优化资源配置,为中国改造提升传统动能、培育发展新动能创造条件,全面提升中国经济的开放发展水平。

中国对外开放进入引进来和走出去更加均衡的阶段[①]。近年来,我国制定并大力推动包括"一带一路"倡议、设立亚投行、提出 G20 数字经济合作倡

[①] 《习近平在省部级主要领导干部学习贯彻党的十八届五中全会精神专题研讨班上的讲话》,https://www.ccps.gov.cn/xxsxk/zyls/201908/t20190829_133861.shtml。

议、加快推进自贸区建设及投资协定谈判在内的开放型国际经济政策协调体系，积极参与全球经济治理。国际社会对十八大以来我国经济发展取得的巨大成就给予了高度评价。据IMF（国际货币基金组织）评估，2016年中国的经济结构改革成果就超过二十国集团的其他所有成员。IMF在2016年12月发布的《世界经济展望报告》中预测，2016年世界经济增长为3.1%，中国将达到6.6%，总量达到11万亿美元，占全球增长总量（2.28万亿美元）的比重达到31%，贡献率超过美国（13%）。中国经济增长的外溢性更加显著，如果扣除中国经济增长，全球经济增长只有1.9%，这意味着全球经济进入衰退。

1.3.3 稳中求进是工作总基调

"稳是主基调，稳是大局，在稳的前提下要在关键领域有所进取，在把握好度的前提下奋发有为。"2016年12月召开的中央经济工作会议，延续了2012年以来"稳中求进"的经济工作总基调，并首次将"稳中求进"上升为治国理政的重要原则。

"稳中求进"体现了新时代中国特色社会主义经济思想的重要方法论，统筹协调经济增速、经济质量和运行风险这三者的关系。其中，"稳"是基调、是大局，在稳的前提下要在关键领域锐意进取。"稳"的重点是要稳住中国目前的经济运行，"进"的重点是要全面深化改革，积极应对新常态并推进结构调整。"稳"和"进"的辩证法是新时代中国特色社会主义经济思想重要的方法论，只有经济社会平稳才能为深化改革开放和经济结构调整创造稳定的宏观环境。

1.3.4 供给侧结构性改革是工作主线

供给侧结构性改革是适应和引领经济新常态的必然要求，是精准把握我国当前实际矛盾关系后的准确有力的应对。马克思政治经济学认为，需求是发展生产力的根本驱动力。新时代中国特色社会主义经济政策框架针对当前具体矛盾关系，提出供给侧结构性改革既没有脱离对需求端的认识，也没有忽视需求侧的现实需求，而是强调以创新引领的方式满足需求端的变化，主动调整供给端以达到适应和引领需求端的目标，形成"供需平衡"的理想状态。

1.3.5 两手合力是整合政府与市场关系的重要方法

政府与市场关系问题一直是政治经济学和西方现代经济学力图解决的核心问题。怎样认识政府与市场的关系，也是中国经济发展的问题之一。党的十四大提出"要使市场在社会主义国家宏观调控下对资源配置起基础性作用"；党的十五大沿引十四大的提法；党的十六大提出"在更大程度上发挥市场在资源配置中的基础性作用"；党的十七大提出"从制度上更好发挥市场在资源配置中的基础性作用"；党的十八大提出"更大程度更广范围发挥市场在资源配置中的基础性作用"；党的十八届三中全会进一步明确，"使市场在资源配置中起决定性作用和更好发挥政府作用"。

从"基础性作用"到"决定性作用"，新时代中国特色社会主义经济思想明确了政府与市场两种机制的定位，并把如何发挥各自优势、实现两种机制的有机结合，确立为该政策框架的基本原则。新时代中国特色社会主义经济思想最重要的创新之一，是两手合力论，即使市场在资源配置中起决定性作用和更好发挥政府作用。针对围绕政府与市场关系的激烈辩论，习近平总书记不仅从中国的具体实践，而且从唯物辩证法的视角，提出了两手合力论。2014年5月26日，习近平总书记在主持十八届中共中央政治局第十五次集体学习时指出：在市场作用和政府作用的问题上，要讲辩证法、两点论，"看不见的手"和"看得见的手"都要用好，努力形成市场作用和政府作用有机统一、相互补充、相互协调、相互促进的格局，推动经济社会持续健康发展。

1.3.6 "加减乘除"是推动改革的总方法

明确突出问题、解决实际困难、落实工作任务，必须掌握"既中看又中用"的系统性方法。"加减乘除"方法论的设想最初由习近平总书记在2016

年全国两会上参加全国人大吉林代表团的审议时首次提出。现在看来，无论是东北全面振兴，沿海转型发展，还是中西部加速崛起，都需要同时做好"加减乘除"的四则运算。

所谓做"加法"就是增加有效投资，扩大消费需求，加快提高户籍人口城镇化率，提高有效供给，做到更为动态的"供需平衡"；所谓做"减法"就是淘汰落后产能，去库存、去杠杆，减少政府对市场不合理干预和对市场主体不合理管制，降低实体经济企业各类成本；所谓做"乘法"就是发挥创新对发展的乘数效应，创造创业、创新、创智的良好环境，实施"互联网+"行动计划，发展物联网技术和应用，提高教育支出密度、研发支出密度、人力资本投资密度、环保投资密度、经济地理密度、基础设施密度等，此外，通过对外开放增强全球配置资源能力，深度融入全球产业链、价值链、物流链，放大乘数效应；所谓做"除法"就是降低能源消耗密度、资源消耗密度，提高经济发展质量，避免各类发展风险。笔者称之为中国特色社会主义经济结构性改革的"四则混合运算"，既形象又准确，既通俗又易懂，把极其复杂的经济发展思路说明得清清楚楚。

以上六个方面，从方法论的角度构建起了新时代中国特色社会主义经济思想的政策体系。

1.4　新时代中国特色社会主义经济思想的世界观

中国经济已深度融入世界经济。世界经济和金融市场的波动，会对中国经济平稳运行带来不同程度的冲击。同时，中国的发展对世界经济的影响也越来越大。作为世界第一大贸易国和第二大经济体，中国决定做什么、如何做、做得怎样，不仅影响中国，还将影响全世界，制定和考虑宏观经济政策的视角就必须、也必然从国内转向国际，即更加注重"（利用）两个市场、（配置）两种资源"，这成为新时代中国特色社会主义经济思想的鲜明特色，和党的十八大以来中国宏观经济政策框架的重要特征。

事实也证明,中国宏观调控政策的升级版已经初步成型、初步见效,是经受住实践检验的正确方针、政策和措施,这说明党和政府驾驭中国经济发展、应对国际经济冲击的能力更加有力,也验证了新时代中国特色社会主义经济思想的正确指导性。这为中国改造提升传统动能、培育发展新动能创造了良好条件,为全面提升中国经济的开放发展水平奠定坚实的制度基础,这成为新时代中国特色社会主义经济政策从中国走向世界的重要标志,也是中国经济发展产生越来越大示范效应和外溢效应的重要原因。

但同时,我国对外开放的水平总体上还不够高,用好国内国际两个市场、两种资源的能力还不够强,应对国际经贸摩擦、争取国际经济话语权的能力还比较弱①,进一步扩大中国经济影响力,加强国际特别是大国间合作机制,扩大全球经济事务领导权,打造与中国在全球经济舞台中心相匹配的宏观政策,将是未来中国宏观经济调控和国际宏观政策协调的重要方向。

其一,统筹"两个大局",制定中国全球发展战略。以推进"一带一路"倡议为契机,加快实施全面"走出去"战略。从中国发展战略到世界发展战略,需要以经济发展方式转变为出发点,从主要配置国内资源转变为同时配置国内国际两种资源,从主要开发利用国内市场转变为同时开发利用国内国际两个市场,积极拓展中国在世界范围内的发展空间,不断提高发展潜力,不断增强国际竞争力。

其二,推动多边双边和自贸区发展,提高对外开放水平。积极参与国际谈判,推动全球贸易自由化、投资自由化、服务便利化。坚持"引起来"和"走出去"相结合,更加注重"走出去"。扩大内陆开放和沿边开放,提升开放层次维度。加快实施自由贸易区战略,成为新一轮全球化和自由贸易的引领者。

其三,推动包容和联动式发展,扩大与全球南方国家的互利共赢合作。进一步推进国家开发性和国际金融机构为发展中国家的基础设施互联互通提

---

① 《十八大以来重要文献选编(中)》,中央文献出版社,2011年版。

供金融贷款，参与和引领全球和区域大型基础设施网络建设，为中国创造更好的对外投资环境，提供更多的对外投资机会，特别是通过投资相关国家的基础设施、市场环境、人力资源开发等，为推动"一带一路"倡议起到示范性、长远性作用。

其四，提升中国参与全球治理能力。从G20峰会到达沃斯论坛，从"一带一路"高峰论坛到第九届金砖国家峰会，随着全球性议题增多、世界经济格局变化和全球治理难度加大，中国正在以越来越积极的姿态参与全球气候变化、国际金融体系、国际贸易体系等全球治理议题，倡导开放包容、平等互利的合作理念，推动完善公平合理的国际治理体系。

第二章
新时代中国特色社会主义经济思想的政策体系与实践框架

党的十八大以来，以习近平同志为核心的党中央，从如何认识、适应和引领新常态开始，致力于解决中国经济当前和较长时期内"怎么看""怎么干"的实际问题。2016年年底，中央经济工作会议首次明确提出并初步确立了适应经济发展新常态的经济政策框架，形成以稳中求进为工作总基调、以新发展理念为指导、以供给侧结构性改革为主线的政策体系。

对于党的十八大以来形成的这一系列经济政策体系与实践框架，人们自然会问：这一经济政策框架的发展背景是什么？政策框架的基本性质是什么？政策框架包含了哪些主要内容？从国际视角看，为什么说这一框架成为中国的全球倡议？对此，本书逐一回答。可以说，新时代中国特色社会主义经济思想是当代中国特色社会主义市场经济的重大实践与理论创新，也是中国框架向全球倡议迈进的重大创新。

2.1 新时代中国特色社会主义经济政策体系的背景：经济发展进入新常态

政策框架，通常指一定时期、一定目标下由一系列政策构成，又包含这些政策之间的相互影响机制的政策体系。这个体系至少包括明确的政策目标、清晰的总体布局、具体的实施措施，以及对不同政策措施的组合协调，并已形成有机结合、有效实施、有力推进的整体，这样才能被称作较为成熟、可

应用、可实施的政策框架。

从形成新时代中国特色社会主义经济思想的政策框架发展背景看，我国经济发展正在进入新常态。这是我国经济发展历程中一个十分重要的必经阶段：从上中等收入阶段向高收入阶段迈进，从工业化时代向后工业化时代转变，从高速增长转向中高速增长，从规模速度型发展方式转向质量效益型发展方式，从工业或第二产业主导的经济结构转向服务业主导的经济结构（指产业结构、就业结构、投资结构等），从主要依靠资源和低成本劳动力等要素投入转向创新驱动发展，从中国市场到世界市场，从世界投资中国到中国投资世界。为此，习近平总书记及时作出中国经济发展进入新常态的重大判断。为了认识适应把握引领新常态，党中央及时提出新时期中国特色社会主义经济的宏观政策框架，使得中国经济向形态更高级、分工更优化、结构更合理的阶段演化。

2.2 新时代中国特色社会主义经济政策体系的基本性质

从党的十八大以来制定和实施的一系列政策来看，新时代中国特色社会主义经济思想已经具有非常明显的政策框架性质。

其一，政策目标明确，就是应对中国经济新常态，解决经济条件发生深层次变化所凸显的结构性矛盾。更具体来说，政策目标包括跨越中等收入陷阱、实现全面建成小康社会的最终目标；稳增长、调结构、防风险，经济保持中高速增长、迈向中高端水平的中间目标；以及推动"三去一降一补①"的操作目标，等等。

其二，政策体系的内在逻辑清晰，从认识新常态、适应新常态到引领新常态，为解决中国经济"怎么看""怎么干"提供了明确的路线图。

2014年，习近平总书记提出经济发展新常态，并作出系统性论述，明确

---

① 指去产能、去库存、去杠杆、降成本、补短板。

了对经济形势应该"怎么看";2015年,党的十八届五中全会首次提出创新、协调、绿色、开放、共享五大发展理念,深化了"怎么看",又为"怎么干"指明方向;2015年中央财经委员会第十一次会议提出推进供给侧结构性改革,后写入"十三五"规划的发展主线,进一步明确了战略布局、主攻方向和总体思路;"三去一降一补",以及农业供给侧结构性改革、振兴实体经济、促进房地产市场平稳发展等,成为2015年年底和2016年年底中央经济工作会议部署的工作重点。

其三,政策措施搭配紧密、协调一致、远近兼顾。新时代中国特色社会主义经济思想紧紧围绕经济提质增效、转型升级的总体目标,既制定出面向中长期发展的"十三五"规划,突出"三大战略"("一带一路""京津冀协同发展""长江经济带")的区域布局,又确定了应对短期经济下行的政策,包括"三去一降一补"的一系列供给侧结构性改革措施,以及推动消费加快升级和扩大有效投资的重大政策,等等。

其四,政策更有稳定性,是当前和未来较长时期指导中国经济适应和引领新常态的系统性框架。实际上,从党的十一届三中全会到党的十八届三中全会,中国的改革征程越来越凸显出明确的逻辑与方向:通过体制改革解放生产力、有效改善供给侧要素的投入及配置,通过市场机制促进各类结构性因素的调整和优化,从而实现经济增长的长期和可持续。然而,确立以供给侧结构性改革为主线,最终构建完整的政策逻辑框架,这才是新时代中国特色社会主义经济思想的最大贡献。

从这个意义上看,新常态下经济政策框架的建立,也标志着新时代中国特色社会主义经济思想的实践基础初步形成,其提出的目标任务、发展理念、工作基调、改革主线、政策举措,将成为认识、适应、引领经济新常态的指南。

2.3　新时代中国特色社会主义经济政策体系的主体内容

新时代中国特色社会主义经济思想作出中国经济进入新常态的重大判断,

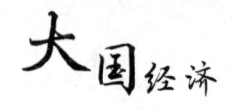

确定稳中求进的工作总基调，以新发展理念为指导，以发挥市场在资源配置中的决定性作用为核心，逐步形成以供给侧结构性改革为主线的政策体系，从而适应和引领新常态，解决经济发展中的结构性失衡。总体看来，这一政策框架包括以下关键内容。

2.3.1 新常态：发展阶段的总认识

正确认识中国国情和发展阶段，是建设中国特色社会主义理论的现实依据，也是制定和执行正确的发展战略和政策框架的根本依据。新常态的提出，既是对中国经济发展阶段的重大理论认识，也是制定政策的逻辑起点。所以说，新常态是新时代中国特色社会主义经济思想的逻辑主线。

2014年12月，习近平总书记在中央经济工作会议上首次系统地阐述了中国经济新常态在消费需求、投资需求、出口和国际收支等九大方面的基本趋势，进而概括为四大特点：经济增长速度从高速转向中高速，经济发展方式从规模速度型粗放增长转向质量效率型集约增长，经济结构从增量扩能为主转向调整存量、做优增量并存，经济发展动力从传统增长点转向新的增长点。把握住新时期我国经济运行的核心逻辑，有助于理解中国经济在未来五到十年宏观调控的主要目标，调整亟待解决的重要问题、领域和任务，政府需要抓住的关键主体、关键环节。这些经济实践中的核心内容，就清晰可辨，中国经济的改革图景，就豁然开朗了。

2.3.2 新理念：转变发展方式的总引领

以"创新、协调、绿色、开放、共享"为核心的新发展理念是逻辑严密的有机系统：创新发展解决经济社会持续发展的动力问题；协调发展解决不同系统之间、系统内部的子系统之间的协调性问题；绿色发展解决经济社会系统与自然系统的关系问题；开放发展解决国内发展与外部环境的关系问题；共享发展解决发展过程中的公平正义问题。

可以说，新发展理念是为实现经济发展方式转变作出的战略指引，是新时代中国特色社会主义经济政策框架的设计思想与灵魂。其中，创新是发展的动力，协调是发展的艺术，绿色是发展的模式，开放是发展的助力，共享是发展的目标。新发展理念的最终目的在于实现人的全面发展。五大理念相互贯通、相互促进，使科学发展的内涵进一步具体化，使破解发展难题、增强发展动力、厚植发展优势更具针对性、指导性、可操作性。

2.3.3 发挥市场决定性作用：改革任务的总核心

现代经济学的一个核心问题，是怎样认识政府与市场的关系，这也是中国经济体制改革和经济发展的核心问题。

从"基础性"到"决定性"，新时代中国特色社会主义经济思想明确了政府与市场两种机制的定位，并把如何发挥各自优势、实现两种机制的有机结合，确立为该政策框架的基本原则。

2.3.4 稳中求进：实践推进的总基调

"稳是主基调，稳是大局，在稳的前提下要在关键领域有所进取，在把握好度的前提下奋发有为。"2016年12月召开的中央经济工作会议，延续了2012年以来稳中求进的经济工作总基调，并首次将稳中求进上升为治国理政的重要原则。

稳中求进体现了新时代中国特色社会主义经济思想的方法论，统筹协调经济增速、经济质量和运行风险这三者的关系。

首先，"稳增长"，宏观目标要稳、宏观政策要稳、宏观增长要稳，为改革提供良好环境和条件，同时并不要求各地达到统一目标，而是因地制宜，发展快的地区要"力争上游"、暂时困难的地方要"坚守底线"。其次，"调结构"被置于核心地位，不仅是短期的经济结构调整，也是中国进入后工业时代经济社会的整体转型升级。最后，"控风险"更加突出，特别强调要协调好"稳增长"和"调结构"，就必须把握好"控风险"的平衡点，处理好各种内外风险。

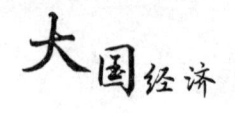

2.3.5 供给侧结构性改革：宏观调控的新实践

供给侧结构性改革的实质是加强供给侧与需求侧的对接，实现短期措施与长期目标的衔接。这就超越了单一经济目标的宏观调控，通过改革与协调经济发展中的多重关系，引导经济朝着更高质量、更有效率、更加公平、更可持续的方向发展。这主要包括短期与长期、政府与市场、中央与地方、实体与虚拟、国内与国际等多重关系。

2.4 新时代中国特色社会主义经济政策体系与实践框架：从中国方案到世界倡议

随着世界经济增长进入新停滞时期，全球经济的不稳定性和不确定性都将进一步凸显中国经济的新常态，这些因素都会通过投资、贸易、资本流动等多种途径和渠道传导，影响中国经济金融稳定，增大中国稳定外贸、吸引外资、保持汇率和外储基本稳定的难度。

但同时，全球经济结构调整和治理体系重构，又为中国带来新的发展机遇。在"一带一路"倡议推进中，越来越多国家希望扩大与中国的投资经贸合作，这客观上又要求中国引领经济全球化、投资便利化和贸易自由化，充分利用国际产能合作的巨大空间，在推动国内富余产能"走出去"的同时，带动中国装备、技术、标准和服务"走出去"。

坚持利用好国内国际两个市场、两种资源，在全球范围优化资源配置，为中国改造提升传统动能、培育发展新动能创造条件，全面提升中国经济的开放发展水平。因此，新时代中国特色社会主义经济思想不仅是以供给侧结构性改革为主线的国内政策框架，还包括"一带一路"倡议、亚投行、G20倡议等在内的开放型国际政策倡议体系。

中国对外开放政策框架已经进入了"全面开放、全面合作、全面参与、全面提升"的新阶段。这主要体现在四个方面：一是从国内发展战略向全球发展战略转变,从以国内资源配置为主向国内国际资源配置转变,从以国内市场开发为主向开发利用国内国际两个市场转变。二是实现更高水平对外开放,扩大开放程度、提升开放层次,加快推动全球及区域贸易自由化、投资自由化、服务便利化。三是增进与广大发展中国家合作,以能力建设作为重点,提高整体竞争力,促进各国发展战略对接,以互联互通、产能合作为突破口,坚持把自身利益同广大发展中国家的共同利益结合起来,积极帮助全球南方国家解决发展不平衡、极度贫穷等问题。四是在探索符合本国国情的发展道路的同时,为全球发展事业贡献新的公共产品,与世界各国实现共同增长、共享繁荣,积极促进全球经济治理变革,推动经济全球化进程。

2.5 结论:新时代中国特色社会主义经济政策体系与实践框架的基本形成

当今中国,已经是世界第一的贸易国、第二大的经济体(按购买力平价计算)。面对极其错综复杂的各类经济风险和挑战,中国经济发展仍然保持中高速增长,居世界主要经济体前列,实属不易。如此宏大的社会实践,必然产生新时代中国特色社会主义经济思想,这是当代中国特色社会主义市场经济的重大实践与理论创新,也是中国框架向全球倡议迈进的重大创新。

新常态的经济政策框架提出适应中国经济发展,从新发展理念,到稳中求进的工作总基调,从落实供给侧结构性改革的具体工作任务,到党的十八大以来形成的以新常态为内在逻辑的政策调控体系,为"十三五"乃至更长时期的中国经济发展提出了系统的政策与理论指引。

新时代中国特色社会主义经济思想来源于中国实践,又指导中国实践,这就形成了新理论指导新实践,新实践丰富新理论的良性过程,不断丰富完善具有中国特色的社会主义政治经济学的理论和创新实践。

第三章
新时代中国特色社会主义经济思想中宏观调控的理论与政策实践

本章在充分认识新时代中国特色社会主义经济思想体系与政策实践框架的基础上，对以高质量经济发展为目标的宏观调控总体思路进行了研究，着重分析党的领导在宏观调控制度设计和实施中的优势，对比了中国与西方国家在调控经济周期设计与思路上的不同，并系统梳理了新时期我国宏观调控形成的理论创新与实践成果。这部分内容主要包括以下几个部分，即宏观调控理论框架与主要机制措施、宏观调控取得的成效与主要经验、中国特色宏观调控的主要目标与主要任务、宏观调控的逆周期调节特点与机制以及中国创新宏观调控的特殊机制优势。

在宏观调控理论框架与主要机制措施中，本章分析了货币政策和财政政策的基础理论框架和相应基本政策策略，进一步讨论了数量型货币政策和价格型货币政策之间的关系与权衡。

在宏观调控取得的成效与主要经验中，本书提出保持政策定力是决定大国经济宏观调控成败的关键，只有保持稳定的增长环境，才能够为调控赢得关键的政策空间和调控余地。首先，坚持和充分发挥党的领导是确保中国特色宏观调控科学化、民主化的制度基础与独特优势。完善的会议决策机制，包括中央政治局会议、中央经济工作会议，是解决中央与地方、政府与企业分享信息、形成共识的核心机制。以经济决策为例，从党中央的民主决策与共识到国务院的民主决策与共识，再到全国人大的民主与共识，至少有三步民主决策过程。其次，坚持和充分发挥党的领导是确保中国特色宏观调控决策落实实施的坚强保证。最后，坚持和充分发挥党的领导是确保中国特色宏观调控方向性与战略性的体制机制保障。

在中国特色宏观调控的主要目标与主要任务中，中国宏观调控体系的建立是中国在特殊发展阶段（市场经济体制逐步建立）、经济发展特定时期（社会主义初级阶段）、中国发展特定国情（内部发展不平衡）等条件下，实现宏观经济稳定较快增长和经济社会发展特定目标的特定政策框架。中国特色宏观调控要处理好政府和市场的关系，中国特色宏观调控的核心，就是更好地把"有效市场"和"有为政府"结合起来。另外需要处理好城乡协同发展关系、经济发展和社会发展的关系、人和自然关系、国内与国际的关系。中国特色宏观调控的主要任务是供给侧结构性改革，就是解决当前经济发展中的结构性矛盾，解决经济发展不平衡、不充分和不可持续的问题。

在宏观调控的逆周期调节特点与机制中，中国经济周期波动根源于外部冲击，有内生性特点，特别会受到改革目标所驱动的政策波动的影响。因此，中国特色宏观调控与西方国家不同的一个重要特点就在于必须为既定的改革目标服务，这就需要：一方面，注重扩大就业、稳定物价、保持增长、维持国际收支平衡等常规的宏观经济目标，熨平商业周期的波动；另一方面，增强宏观政策的协同性，降低政治性周期对市场的冲击，调整经济结构、提高经济效益、防控经济和金融风险、保护生态环境，为结构性改革和经济的健康可持续发展营造稳定的宏观经济环境。总结来看，加强宏观政策的协调性是中国特色宏观调控进行逆周期调节的重要内容；结构性调控是中国特色宏观调控进行逆周期调节的主要任务；多目标有效衔接是中国特色宏观调控进行逆周期调节的重要创新；国家发展规划是中国特色宏观调控进行逆周期调节的战略导向；综合运用各类政策是中国特色宏观调控的政策工具创新。

最后以五年规划指导为例分析了中国创新宏观调控的特殊机制优势。总体来说，中国宏观调控体系的建立与创新，实质上是围绕宏观调控的指导、决策、实施建立一个跨中央地方、跨部门协调的体制机制，最大限度形成宏观调控共识和政策实施的合力。这在经济宏观调控上具有至少三点优势：一是大大降低了内外部经济决策信息不对称性；二是缩短了经济决策的时滞；三是大大降低了政策执行的制度成本和运行成本，政策实施的协同性大大提高。通过政府与市场两手调控，两手合力，更好地发挥有形之手和无形之手的作用；笔者的实证研究也表明，规划执行好的时期，宏观经济的大起大落就比较少，经济与社会发展指标完成得也比较好。

3.1 认识、完善与创新中国特色宏观调控体系

面对后金融危机时期国内外形势出现的新问题、新挑战，党中央国务院坚持稳中求进总基调，着力创新和完善宏观调控，经济运行保持在合理区间、实现了稳中求好的发展要求。总体来说，宏观调控成效积极显著：第一，较好适应并引领经济发展新常态，经济增速始终居于世界主要国家前列，经济运行保持在合理区间；第二，全面体现稳中求进总基调，经济结构出现重大变革，新动能不断发展壮大；第三，深入贯彻供给侧结构性改革，去产能、降杠杆、防风险取得明显成效；第四，妥善处理政府与市场的关系，"放管服"改革推出重大举措，政府职能发生深刻转变；第五，有效引导市场预期，人民生活持续改善，经济发展质量不断提高[1]。如期实现全面建成小康社会奋斗目标胜利在望[2]。

改革开放四十多年来，从市场化改革到初步建立社会主义市场经济体制、再到完善社会主义市场经济体制，我国宏观调控体系逐步建立并初步形成，在中国特色社会主义经济建设的具体实践中，政府与市场的关系不断完善，宏观经济调控体系逐步成熟。不断深化对中国特色宏观调控体系

---

[1] 《十三届全国人大一次会议〈政府工作报告〉辅导读本》，人民出版社，2018年版。
[2] 截至发稿前，我国已经如期实现全面建成小康社会的第一个百年奋斗目标。

与机制的研究，无论对拓展市场经济特别是发展中经济体宏观调控问题的学理认识，还是对深入完善中国特色社会主义市场经济体制和现实机制，以及正确把握当代全球经济格局演变的驱动力量，都具有重要的理论与实践意义。

那么，应当怎样认识中国特色社会主义宏观调控的体制机制与独特优势？我国宏观调控是如何实现经济平稳、较快增长，高质量发展，又是怎样设计宏观调控总体思路的？特别是应对极其复杂变化的国内外经济形势，我国宏观调控在理论与实践方面取得了哪些重大突破与创新？本部分尝试从以下几个方面回答这些问题，进而较为系统地梳理新时代我国宏观调控形成的理论创新与实践成果。

首先，坚持和充分发挥党的领导是我国宏观调控顺利实施的最大体制和制度优势，这也是中国特色宏观调控体系的核心。

其次，促进生产力发展，提高供给体系质量是当前我国宏观调控的主要任务与目标。中国特色社会主义经济建设进入新时代，生产力发展主要面临的问题与矛盾是发展不平衡、不充分等问题。因此，中国特色宏观调控面临的主要挑战任务是提高发展质量和全要素生产率，其主要任务就是推进供给侧结构性改革，贯彻落实"三去一降一补"，恢复市场机制对资源配置的根本调节作用[①]。

再次，中国特色宏观调控在熨平经济周期、实现逆周期调节的设计与思路上，一方面，需要注重扩大就业、稳定物价、保持增长、维持国际收支平衡等常规的宏观经济目标，熨平商业周期的波动；另一方面，更需要增强宏观政策的协同性，调整经济结构、提高经济效益、防控经济和金融风险、保护生态环境，为结构性改革和经济的健康可持续发展营造稳定的宏观经济环境。

最后，中国宏观调控体系的建立与创新，实质上是围绕宏观调控的指导、

[①] 《习近平关于社会主义经济建设论述摘编》，中央文献出版社，2017年版。

决策、实施建立一个跨中央地方、跨部门协调的体制机制,最大限度形成宏观调控共识和政策实施的合力,通过政府与市场两手调控,两手合力,更好地发挥有形之手和无形之手的作用;不仅体现在中国五年规划体制下宏观调控集中力量办大事,还体现在通过政府指导和引领,实现了短期与长期目标的有效衔接,经济增长与社会发展的兼顾协调。

中国特色社会主义市场经济建设的成果表明,中国特色宏观调控体系已经在完善宏观调控目标体系、方法体系、政策体系等方面形成了具体的理论与实践成果,为坚持发展社会主义经济积累了成功的经验,为建立和发展社会主义市场经济思想奠定了重要的理论基础。

3.2 国际宏观经济调控理论框架与主要机制比较

从传统宏观经济理论来看,宏观调控框架主要指在一系列宏观经济目标和宏观政策框架下确定的针对国内经济发展、国际收支、财政和货币四大经济部门层面上的调控政策。宏观经济调控政策主要可以分为两类,财政政策和货币政策。

国际宏观经济调控理论框架的主要特点表现在:一方面,从调控的目标来看,与国内宏观经济调控的多目标不同,国际宏观经济调控基本仅为某一具体目标进行调控;另一方面,从调控的制度环境来看,国际宏观经济调控更适合完全竞争市场,这样使得国际宏观经济调控的理论框架更加突出。

宏观经济调控的最基本的理论框架是基于国民经济核算理论的。从生产的角度来看,GDP(国内生产总值)等于国内各部门生产附加值的总和,财政部门可以通过调整税收和产业补贴政策直接影响国内各部门生产进而调节经济发展。从消费的角度来看,即国民经济核算式:

$$GDP = C + I + X - M$$

这一等式一方面揭示了财政账户(fiscal accounts, C and I)和国际收支账户(BOP, balance of payments, X and M)之间的关系,另一方面为宏观调

控政策对居民储蓄调节提供了工具（S = National saving = GDP + Net Foreign Income + Net transfers – Consumption）。

在国际货币政策方面，主要包括两类框架：一类是基于数量的调控，讨论货币供给与需求问题的货币政策；另一类是基于价格的调控，核心是关注利率及其传导的货币政策。需要注意的是货币政策的数量和价格目标往往不可兼得。理论上讲，选择盯住利率目标，必然放弃对货币数量的波动性的控制，反之，盯住货币数量，则利率的波动性必然较大。数量型货币政策的理论基础是费雪方程，$P \times Y = M \times V$；价格型货币政策的理论框架相对较为复杂，名义利率确定的理论基础是费雪方程，但是实际利率的确定则是一个一般均衡的结果。另外，与基于数量的货币政策对经济的直接影响不同，基于价格的货币政策需要通过复杂的利率传导机制才能作用于经济。一个简单的利率传导机制如下：

$$R_L - R_P = (R_L - R_G) + (R_G - R_B) + (R_B - R_P)$$

其中，R_L、R_P、R_G、R_B 分别是贷款利率、国债利率、银行间市场利率和政策利率。利率传导的逻辑是：央行首先调控政策利率，隔夜政策利率通过货币市场的供需关系直接影响到银行间市场隔夜利率，其次银行间市场隔夜利率通过期限套利传导到中长期国债利率，最后中长期国债利率通过附加一个风险溢价的方式传导至中长期贷款利率。所以，价格型货币调控至少需要两个前提，一是政策利率能够在不同市场、不同品种和不同期限的利率之间有效传导；二是货币政策的调控框架要有利于引导和稳定市场预期。

"量""价"目标并没有严格意义上的优劣之分，需要根据当时的经济环境和政策目标来决定。例如，Poole（1970）指出，若不确定性（随机冲击）主要来自总需求和商品市场，那么选择货币供应量作为中介目标较为合适；若不确定性主要来自货币市场，那么选择利率作为中介目标较为合适。或者说，若货币需求不稳定，难以准确预测，那么通过稳定利率并容忍货币总量波动，就可以较大程度地提高产出的稳定性。

3.3 中国特色宏观经济调控的成功经验

2012—2018 年，党中央国务院着力创新和完善宏观调控，经济运行保持在合理区间、实现稳中向好①。总体来看，经济运行稳中有进、稳中向好、好于预期，2018 上半年经济同比增长 6.8%，稳定在 6.7%~6.9% 区间；居民消费价格指数比 2017 年同期上涨 2.2%，国际收支基本平衡，贸易顺差比上年同期收窄。全年国民经济社会发展主要任务较好完成，计划执行情况整体良好②。从国际视角看，中国仍是世界经济增长最快的国家，在世界 G20 主要经济体中居前列。世界各主要机构组织都对中国经济表现以及未来的发展趋势给予了高度评价。在全球保护主义明显抬头、对内防范化解重大风险的背景下，我国经济运行总体平稳态势，在世界主要经济体 G20 比较中，宏观经济整体绩效表现最好（见表 3-1），不仅继续保持了中高速增长，经济增速、就业、物价、国际收支等各项指标持续保持健康，也实现了宏观经济动力转换稳定，经济运行质量不断提高，成为世界经济增长的动力之源和最大的"稳定器"，这充分证明五年来宏观调控取得了卓有成效的政策成果。

表 3-1　　G20 主要经济指标比较（2019 年第一季度）

国家/地区	GDP 增长率（%）			经常账户余额占 GDP（2019†）比重（%）	CPI（消费者物价指数）上涨率（%）		失业率（%）	财政平衡占 GDP（2019†）比重（%）
	latest (Q4)	qtr*	2019†		latest	2019†		
美国	3.0	2.2	2.3	-2.5	1.9	2.2	3.8	-4.9
中国	6.4	6.1	6.3	0.2	2.3	2.5	3.8	-4.5
日本	0.3	1.9	1.0	3.9	0.2	1.4	2.3	-3.4

---

① 《十三届全国人大一次会议〈政府工作报告〉辅导读本》，人民出版社，2018 年版。
② 宁吉喆：《我国经济长期向好发展态势没有改变》，《人民日报》，2019 年 8 月 5 日。

续 表

国家/地区	GDP增长率（%） latest（Q4）	qtr*	2019†	经常账户余额占GDP（2019†）比重（%）	CPI（消费者物价指数）上涨率（%） latest	2019†	失业率（%）	财政平衡占GDP（2019†）比重（%）
英国	1.4	0.9	1.0	-4.2	1.9	2.0	3.9	-1.6
欧元区	1.1	0.9	1.3	3.0	1.4	1.4	7.8	-1.1
法国	1.0	1.3	1.3	-1.2	1.1	1.3	8.8	-3.4
德国	0.6	0.1	1.0	6.6	1.3	1.4	3.1	0.8
俄罗斯	2.7	na	1.5	6.5	5.3	4.9	4.9	2.4
印度	6.6	5.1	7.4	-1.8	2.6	3.3	6.7	-3.4
韩国	3.2	3.9	2.4	4.6	0.4	1.6	4.3	0.5
巴西	1.1	0.5	1.8	-1.4	4.6	3.7	12.4	-5.8
南非	1.1	1.4	2.2	-3.0	4.1	5.0	27.1	-4.1

资料来源：英国《经济学人》，2019年4月13日，Haver Analytics。*、%分别代表上一季度变化率、年变化率。†《经济学人》预测。其中中国、俄罗斯、韩国、南非的失业率为未经季节性因素调整的结果。

事实与经验都表明，保持政策定力是决定大国经济宏观调控成败的关键，只有保持稳定的增长环境，才能够为调控赢得关键的政策空间和调控余地。从党的十八大以来我国的宏观调控体系来看，这种调控定力来自国家对经济工作的坚强统一领导，以及对宏观经济政策的科学调控、合理制定与扎实推进，更重要的是，这些因素都离不开中国特色宏观调控体系的制度优势，以及实施机制的坚实保障。

首先，坚持和充分发挥党的领导，是确保中国特色宏观调控决策科学化、民主化的制度基础与独特优势。通常来说，我国宏观调控政策需要至少经历形成决策阶段和实施决策阶段两轮政策过程。其中，完善的会议决策机制，包括中央政治局会议、中央经济工作会议等，是确保宏观调控决策科学化、民主化，中央与地方、政府与企业分享信息、形成共识的核心机制。形成决策阶段一般包括三个关键步骤。第一步是党中央决策。每年12月左右召开的中央经济工作会议，这种会议最大特点就是降低决策信息的不确定性和不对称性，民主决策的本质是充分分享决策信息，这有利于中央与地方共同分享信息、交换意见、集思广益、形成共识，作出中央关于下一年度经济工作的重要决策。第二步是国务院决策。根据中央经济工作会议的精神，由国务院起草《政府工作报告》，征求各方面意见。2月底，由总书记主持召开中共中央政治局会议，讨论国务院提交的《政府工作报告》稿，再次确认批准报告稿，包括报告所提出的各项改革措施、发展任务、重要政策等，充分体现各方协商。第三步是全国人大决策。两会期间，全国人大代表认真审议，全国政协委员积极讨论。党和国家领导人，各部门负责人以及报告起草组工作人员分赴各代表团、政协各界别，悉心听取代表委员们的意见、建议。国务院根据这些意见建议对报告进行了修改。之后由全国人民代表大会通过关于《政府工作报告》的决议，由国务院决策转变为全国人大决策，由此完成了中国经济决策的过程。可以说，从党中央的民主决策与共识到国务院的民主决策与共识，再到全国人大的民主与共识，至少有三步民主决策过程，《政府工作报告》就成为全党、全国、全社会对经济工作和宏观调控政策的最大公约数和最大共识。

其次，从实施决策阶段的政策过程来看，坚持和充分发挥党的领导是确保中国特色宏观调控决策落实实施的坚强保证。中国特色宏观调控进入经济决策的落实实施阶段，先后有两步确保宏观政策落实到位。第一步是国务院落实全国人大决策，在两会结束后，3月初由国务院总理主持召开国务院常务会议，根据全国人大审议通过的《政府工作报告》，确立当年工作的总体部署和主要任务，并分解到国务院各部门、各单位，确保实现经济社会发展的预期目标；第二步是全国人大监督国务院落实经济决策，下半年国务院向全国人大常委会报告实施进展情况，全国人大常委会审议由国家发改委受国务院委托所作国民经济和社会发展计划执行情况的报告、由财政部受国务院委托所作预算执行情况的报告、由全国人大常委会委员对完成全年经济社会发展的目标任务提出具体意见和建议,三方起到"调试""合力"作用,从而保证如期实现当年主要发展目标。

再次,坚持和充分发挥党的领导是确保中国特色宏观调控方向性与战略性的体制机制保障。"中财委+三部门"宏观调控部门的设立,特别是通过党中央提出五年规划的建议,充分发挥了"一个党、两只手、两条腿、两个积极性、两个市场"的中国特色宏观调控优势,由此更为有效地解决了政策体系的协调问题,包括总量与结构指标的协调;预期与约束指标的协调;中央与地方指标的协调。

从实施中国特色宏观调控的机构设置和职能分工上来看,党的经济领导核心机构——中央财经委员会——分析预测宏观经济形势,负责相关领域重大工作的顶层设计、总体布局、统筹协调、整体推进、督促落实[1];国务院负责统一领导全国地方各级国家行政机关的工作,编制和执行国民经济和社会发展计划和国家预算[2];发改委作为国务院的职能机构直接负责综合研究拟订经济和社会发展政策,进行总量平衡,指导总体经济体制改革的宏观调控部门;财政部拟订财税发展战略、规划、政策和改革方案并组织实施,参与制定各项宏观经济政策,提出运用财税政策实施宏观调控和综合平衡社会财力的建议,拟订中央与地方、国家与企业的分配政策,完善鼓励公益事业发展的财税政策。

最后,理解中国特色宏观调控的战略性指导作用及其成功经验,必须高度重视五年规划在指导与宏观调控中的作用。总体来说,两者是"纲举目张"的关系:国家五年规划是纲,重在对经济社会发展的总体引导和政策依据;宏观调控是目,是对五年规划确定目标的具体实施和"增量"微调。纲是主

---

[1] 中国共产党中央财经委员会成立于2018年。2018年3月,中共中央印发了《深化党和国家机构改革方案》。文件称:为加强党中央对涉及党和国家事业全局的重大工作的集中统一领导,强化决策和统筹协调职责,将中央全面深化改革领导小组、中央网络安全和信息化领导小组、中央财经领导小组、中央外事工作领导小组分别改为中央全面深化改革委员会、中央网络安全和信息化委员会、中央财经委员会、中央外事工作委员会。

[2] 根据宪法第八十九条规定,中华人民共和国国务院行使以上职权。

题，目是从属的内容。牢牢树立科学发展理念、把握发展目标、抓住重点主线、扎实推行重大工程，经济社会发展就不会出现重大偏误；宏观调控就是通过政策体系的搭配实施，对宏观经济运行实行灵活调节，保障实现五年规划制定的主要目标任务。总体来说，我国五年规划与短期宏观调控的关系可以概括为"前者引领后者，后者服务于前者"。一方面，宏观调控必须强化五年规划的战略导向作用，以国家中长期发展规划目标和总供求形势变化为政策依据；另一方面，国家发展战略和规划要充分发挥对宏观调控的引导和约束作用，使得各类宏观调控政策服务于发展全局需要。

上述阶段、步骤和机制的建立，反映出中国经济决策制定的科学和实施的有效，很大程度上成为近年来我国宏观经济质量与经济素质在国际范围表现最佳、宏观经济调控取得重要成效的主要原因。

3.4 中国特色宏观调控面对的主要目标与任务

中国宏观调控体系的建立，是中国在特殊发展时期（市场经济体制逐步建立）、经济发展特定时期（社会主义初级阶段）、中国发展特定国情（内部发展不平衡）等条件下实现宏观经济稳定较快增长和经济社会发展的特定目标下的特定政策框架。

3.4.1 中国特色宏观调控面对的首要问题

中国特色宏观调控的核心，就是要把"有效市场"和"有为政府"更好地结合起来。从"基础性"到"决定性"，中国特色宏观调控逐步明确了政府与市场两种机制的定位和关系，并把如何发挥各自优势、实现两种机制的有机结合，确立为该政策框架的基本原则。

坚持市场在资源配置中的决定性作用，更好发挥政府作用，这既不是自由市场经济也不是计划经济，而是通过政府调控纠正和弥补市场不足，充分发挥市场机制，实现高质量的经济发展。具体来说，就是一方面更加有针对性地激发市场内生活力和动力,减少微观干预、直接干预,大力破除市场障碍,创造更加宽松便利、公平公正的营商环境;另一方面更加有针对性地弥补市场自发调节的不足,加强环境治理、基础设施建设,改善民生、提高社会保障,进一步提升资源优化配置水平。

3.4.2 中国特色宏观调控的任务

当前我国经济发展进入新常态,中国特色社会主义经济建设进入新时代,中国特色宏观调控需要面临和处理好几大关系,这不仅是解决短期经济增长下行的重要抓手,更是从长期解决好中国经济新旧动能转换、实现高质量发展的关键。

第一,城乡协调发展关系。城乡协调发展和区域协调发展策略是宏观调控中的重要课题,区域发展理论经历了中华人民共和国成立初期的平衡发展理论,改革开放后沿海地区优先发展的不平衡发展理论,"九五"计划后区域协调发展,反映了我国不同经济发展阶段所面临的问题。在新时期,区域协调发展是优化经济结构的必然要求。要求建设协调联动的城乡区域发展体系,积极推动城乡区域协调发展,推进新型城镇化,实施乡村振兴战略,实施区域发展总体战略,大力推动东北地区等老工业基地振兴、京津冀协同发展、长江经济带发展。

第二,经济发展和社会发展关系。满足人民需要、提高社会福祉是经济学的核心,也是经济发展的最终目的。经济发展主要依靠资本积累和技术进步,继而不断拓展生产的可能性边界和总体效用水平。但是以总量调节为目标的经济是不完善的,无法实现人的全面发展与社会的全面进步。坚持以人民为中心,就是要满足人民日益增长的美好生活需要,不仅是物质、文化、生活方面,还包括民主、法制、公平、正义、安全等方面。中国特色宏观调控不仅要保障人民的物质利益,还要实现全体人民在经济、文化、政治和社会等领域的全面发展,以及政治建设、经济建设、文化建设、社会建设与生态文明建设的全面协同。

第三，人和自然关系。人与自然和谐发展是人民对美好生活的必然要求，人与自然的关系是人类社会最基本的关系，人类可以通过社会活动有目的地利用自然、改造自然，但是人类不能凌驾于自然之上，人类的行为必须符合自然规律。"绿水青山就是金山银山"，在宏观调控上，要按照绿色发展理念，坚持保护优先，坚持节约资源和保护环境的基本国策，把生态文明建设融入经济建设、政治建设、文化建设、社会建设的各方面和全过程，决不以牺牲环境、浪费资源为代价换取一时的经济增长。具体措施上，要牢固树立生态红线观念，优化国土空间开发格局，建立严格的生态环境保护制度，完善经济社会发展考核评价体系，建立责任追究制度，建立健全资源生态环境管理制度。

第四，国内与国际关系。中国特色宏观调控已经进入了"全面开放、全面合作、全面参与、全面提升"的新阶段。这就需要坚持利用好国内国际两个市场、两种资源，把握好两个大局、两种机制，在全球范围优化资源配置，为中国改造提升传统动能、培育发展新动能创造条件。全面提升中国经济的开放发展水平，是中国特色宏观调控从中国走向世界的标志，也是中国经济产生示范效应和外溢效应的重要原因。加强国内与国际的宏观协调，是我国开放发展实践的必然结果，也是对全球化促进生产力发展和科技进步的客观认识。这要求在宏观调控上积极营造宽松有序的投资环境，放宽外商投资准入，建设高标准自由贸易试验区，加强产权保护，推进区域全面经济伙伴关系协定谈判，构建面向全球的自由贸易区网络。

3.4.3 中国特色宏观调控的主要措施

中国现阶段特色宏观调控的主要措施就是通过供给侧结构性改革，解决当前经济发展中的结构性矛盾，解决经济发展不平衡、不充分和不可持续的问题。供给侧结构性改革是经济工作的主线，也是我国在经济发展中总结出的实践真知。供给侧结构性的管理重在优化要素配置和调整生产结构，提高供给体系的质量和效率。供给侧结构性改革的核心在于结构管理，重点是减少无效和低端供给,扩大有效和中高端供给,增强供给结构对需求变化的适应性和灵活性,进而提高全要素生产率。但是供给侧结构性改革不仅是供给侧的改革,同时强调需求方的管理。供给侧结构性改革是系统从供给和需求两方面出发,相互配合的调控手段。

把握住供给侧结构性改革的主线的思想也体现在过往几年实施的多项财政政策和货币政策上。在财政政策方面,减轻企业负担,五年来实施了大规模减税降费政策,调整优化支出结构,大力缩减一般性支出,严控"三公"经费,加大民生等重点领域的支持力度,落实"三去一降一补"重点任务,辅助化解落后产能,坚持保障和改善民生,加强地方政府债务管理,防范风险,增强财政的可持续性。在货币政策方面,保持信贷和社会融资规模的合理增长,采取差别化政策,加强了对重点领域和薄弱环节的支持,实施逆周期和宏观审慎政策,逐步推进利率、汇率市场化形成机制,同时规范金融市场秩序,防范化解重点领域风险。

3.5 应对贸易冲击、加快完善中国特色社会主义宏观调控体系

在对五年以来我国宏观调控的成功经验进行系统阐述后,笔者认为:坚持和充分发挥党的领导,是确保中国特色宏观调控决策科学化、民主化的制度基石;是确保中国特色宏观调控政策落实的体制保证;是确保中国特色宏观调控定力与方向的机制保障;是确保国家发展战略引导作用的关键抓手。加快完善宏观调控体系需要进一步强化中国特色宏观调控的逆周期调节机制,包括加强宏观经济部门的政策协调性;加快统筹总量政策、结构性政策、社会政策;加强多目标有效衔接;综合运用各类政策工具创新;加大国家发展规划的战略导向。

加快完善和创新中国特色宏观调控体系,是我国应对外部贸易冲击,为经济社会发展创造稳定环境,确保如期实现现代化建设任务的重要保障。

在充分肯定宏观调控逆周期调节成效的同时,也要特别注意外部冲击加

剧和经济内生动能偏弱的态势给宏观调控带来的新挑战。我们要看到,经济全球化不是一帆风顺,总是会出现几次逆流,先是国际金融危机导致世界经济下行、贸易低迷增长,表现为世界商品贸易额占 GDP 比重从 2008 年到达高峰(为 51.1%)下降至 2018 年的 45.7%。特别是,美国带头实行贸易保护主义,并波及全世界,世界贸易增长率从 2018 年的 3.6% 下降至 2019 年的 1.1%[①]。疫情暴发,交通运输严重受阻,世界贸易大幅度下降,更是加大了经济全球化的逆流。为更好熨平外部不可控、不可预期的冲击,加快提振经济内生动力,需要进一步完善和加强新时期宏观调控的逆周期调节机制。实现经济平稳、较快增长,高质量发展,特别是应对外部发展环境和背景的重大调整和挑战,我国宏观调控必须进一步完善和加强逆周期调节能力和水平。

现代经济周期理论认为,经济波动是经济系统对外部冲击的响应曲线,它是外部冲击与经济系统相互作用的结果。宏观调控的目标在于熨平经济波动,减少经济周期带来的福利损失。特别是为了应对以美国为代表的主要西方发达国家民粹主义和逆全球化思潮抬头,特别是全球保护主义抬头、经济"逆全球化"的重大挑战,以中国为代表的新兴经济体和贸易体更应当成为倡导和实现互利共赢的第四次新型经济全球化最重要的推动力量。从当前及较长一段时期来看,中国宏观调控体系需要更加增强宏观政策的协同性,降低政治性周期对市场的冲击,调整经济结构、提高经济效益、防控经济和金融风险、保护生态环境,为结构性改革和经济健康可持续发展营造稳定的宏观经济环境。这就需要进一步做到以下几点。

3.5.1 加强宏观政策及经济部门的政策协调性

中国经济增长与政府部门特别是地方政府的行为具有很强的相关性,建立健全全面准确研判经济形势的协调机制,加强跨部门、跨领域、跨地区的信息共享与政策合作,建立健全宏观调控政策的统筹协调机制,是实现科学

---

① 国际货币基金组织(IMF),2019 年 11 月预测。

有效宏观调控的必要前提。中国宏观调控的跨部门合作主要体现在以人民银行与财政部为首,以"货币+财政"为主的宏观调控合作。货币政策方面,定向或全面降准、窗口指导和公开市场操作为实体经济提供充足流动性。财政政策方面,广义赤字率仍有较大空间提振投资,大规模减税和降低企业社保缴费也可以进一步减轻企业负担。

3.5.2 加快统筹总量政策、结构性政策、社会政策

宏观调控要想充分发挥市场在资源配置中的决定作用,更好地发挥政府的功能,必须统筹好总量政策、结构性政策、社会政策。三大政策各自的调节对象和重点不同,但三者构成了中国特色宏观调控的主体政策框架。完善宏观调控需要聚焦主要矛盾、有所侧重、互相配合,实现最优组合和最大整体效果。总量政策是宏观调控的基础,要继续实施积极的财政政策和稳健的货币政策,特别是强化扩大内需(投资与消费)政策;结构性政策是宏观调控的引领,要聚焦调结构、促改革、推动经济转型升级、解决供给结构错配,以供给侧结构性改革为主线,减少无效和低端供给,扩大有效和高端供给;社会政策是保障,要强化兜底功能,实施就业优先政策,确保群众基本生活底线,为宏观调控创造稳定政策环境。

3.5.3 加强多目标有效衔接

中国特色宏观调控必须加强在长短期目标、不同领域目标之间的有效衔接,实现部门间调控政策的相互配合,进而服从于经济建设和改革开放总体目标的实现。例如,中国特色宏观调控在经济增长、充分就业、物价稳定和国际收支平衡这四大目标之外,加入了生态文明建设指标,如单位国内生产总值二氧化碳排放量;创新驱动发展指标,如每万人口发明专利拥有量;民生改善指标,如城镇保障性安居工程建设,等等。宏观经济的逆周期调控更加符合中国国情特点(如人口多、就业需求大、资源环境硬约束等),更加适应发展阶段(如上中等收入阶段),更加满足社会需求(如居民消费需求、基

础设施投资需求），更加全面、更加准确地判断中国经济发展形势和走势，更加及时、更加科学地采取有效政策和措施应对经济周期波动和不确定因素的挑战。

3.5.4 综合运用各类政策工具创新

中国特色宏观调控的逆周期调节，更强调服从发展全局的需要，因而更需要综合运用经济、技术和法律等手段，提高调控的针对性、有效性。一是现代化财政政策，更好地实现城乡、地区的协调发展，保障调结构、促改革、补短板、惠民生等重点领域支出需要；二是更加灵活适应的货币政策，不断增强金融服务实体经济的能力，降低系统性金融风险；三是更为优化的消费投资政策，增强消费对经济发展的基础性作用，强化投融资政策对优化供给结构的关键作用；四是更为精准有效的产业政策，围绕构建现代化产业体系，推动产业结构迈向中高端，促进新旧动能接续转换；五是协同完善的区域政策，实现以"三大战略"为引领、"四大板块"和城乡协同为布局的区域平衡发展。

3.5.5 加大国家发展规划的战略导向

中国特色宏观调控不仅要进行逆周期的短期调控，更要体现党和国家的战略意图和中长期发展目标。通过国家中长期规划和年度计划对公共预算、国土开发、资源配置等政策措施的宏观引导、统筹协调，增强宏观调控前瞻性、针对性、协同性。其中最重要的一个抓手就是充分发挥五年规划的体制机制优势。

五年规划的体制机制通过政府与市场两手调控，两手合力，更好地发挥有形之手和无形之手的作用；不仅体现在中国五年规划体制下宏观调控集中力量办大事，更体现在通过政府指导和引领，有能力及时纠正和协调经济发展中出现的问题，避免出现集中系统性风险的爆发；实现了短期与长期目标的有效衔接，经济增长与经济发展的兼顾协调。笔者的实证研究也表明，五年规划执行好的时期,宏观经济的大起大落就比较少,一旦经济调控政策放松对既定经济增长目标的"强化",弱化对经济增长任务的片面激励,经济与社会发展的综合性指标(如生态、民生类)完成得就比较好。五年规划指导中国特色宏观调控的体制优势表现如下。

其一,有利于摆正宏观调控中的政府地位与作用。五年规划的指导有利于促进宏观调控中"有效市场"和"有为政府"的结合。例如,"十一五"规划中首次提出预期性指标和约束性指标分类,预期性指标和约束性指标分别代表了市场和政府各自发挥主导作用的领域,在宏观调控政策的执行与实施中有助于清晰地界定政府职责。预期性指标主要强调市场主体的自主行为,政府可以通过调整宏观调控方向和力度,综合运用财政、产业、投资等政策,创造良好稳定的经济环境、制度环境和市场环境,更好地发挥市场资源优化配置的决定作用;约束性指标是政府必须完成的硬性任务,政府要有效运用行政力量,通过合理配置公共资源确保有关指标的实现。

其二,有利于提高宏观调控的精准度。五年规划的指导较好地平衡了宏观调控中稳与进、量与质、局部与整体的关系。我国的宏观调控始终坚持稳中求进工作总基调,强调经济增长与社会发展并重。五年规划对具有较强主观性的社会发展目标提出了客观、可量化的指标,同时在主要指标下设置了次优先指标,包含在各个板块之中。这就加强了相应领域宏观调控的可操作性和地方政策的可对标性,有助于推动经济社会的全面高质量发展。

其三,有利于提高宏观调控的有效性。五年规划的指导有助于宏观调控抓住发展的主要矛盾和矛盾的主要方面,推动实现更高层次的供求动态平衡。五年规划指标不仅涉及全局性的发展任务,更点出了当前国家战略、经济社会发展中最关键环节和最重要方向,对宏观调控的方向、力度具有明确的指向性和可度量性,对提升宏观调控有效性、提升经济发展质量具有重要意义。

其四,有利于防止宏观经济的大起大落。五年规划的指导有利于提高宏观调控的战略定力,增强市场信心,避免人为造成的经济过热或紧缩问题。加强五年规划对宏观调控的指导与约束,使得中国的宏观调控避免了重蹈西方国家"量化宽松"强刺激的恶果,也防止了短期内盲目扩大政府投资所留下的风险隐患。在五年规划既定的重大项目、重大工程框架内的适度预调、微调,使得宏观调控的科学性、有效性不断增强,统筹稳增长、促改革、调结构、惠民生、防风险的重大任务,适应和引领了经济发展新常态。

总之,中国宏观调控体系的建立与创新,实质上是围绕宏观调控的指导、决策、实施建立一个跨中央地方、跨部门协调的体制机制,最大限度形成宏观调控共识和政策实施的合力,这至少具有三点优势:一是大大降低了内外部经济决策信息不对称性,大大缩短了传统宏观调控的决策形成时滞;二是缩短了经济决策的时滞,决策具有高效性,一项决策一旦在党内达成共识就会迅速得到执行;三是大大降低了政策执行的制度成本和运行成本,政策实施的协同性大大提高,通过中央财经委员会等机构的建立,党集中统一领导和部署财经工作,更好地实现了部门协调,减少了不同部门之间资源调配、利益冲突等问题导致的执行低效。

在国际经济环境出现重要变化的条件下,我国宏观调控体系需要进一步加强宏观政策及经济部门的政策协调性,加快统筹总量政策、结构性政策、社会政策,加强多目标有效衔接,创新和综合运用各类政策工具,特别是加大国家发展规划对宏观调控的战略导向,从而进一步提高我国宏观调控水平与政策有效性。

第四章
新时代中国特色社会主义经济思想中现代化经济体系的理论与经验

党的十九大报告首次提出现代化经济体系的概念，强调我国经济已由高速增长阶段转向高质量发展阶段，正处在转变发展方式、优化经济结构、转换增长动力的攻关期，建设现代化经济体系是跨越关口的迫切要求和我国发展的战略目标。

党的十九大和二十大里都提到了"两步走"，党的二十大报告里所提到的"两步走"，第一步是从二〇二〇年到二〇三五年基本实现社会主义现代化；第二步是从二〇三五年到本世纪中叶把我国建成富强民主文明和谐美丽的社会主义现代化强国。2020年、2035年、本世纪中叶是我国现代化发展的重要节点，也是建设和完成现代化经济体系的时间节点。因此，现代化经济体系的建设就根本不同于以往的经济体系（传统经济体系）建设，它既承上启下，又继往开来；既紧扣新时代我国社会主要矛盾转化，又重在落实中国特色社会主义现代化战略的总体布局。

党的十九大报告对建设现代化经济体系指明了清晰的路径，提出"深化供给侧结构性改革""加快建设创新型国家""实施乡村振兴战略""实施区域协调发展战略""加快完善社会主义市场经济体制""推动形成全面开放新格局"等重大部署。具体来说，现代化经济体系是由"6＋1"的战略构想构成，包括创新引领、协同发展的产业体系，统一开放、竞争有序的市场体系，体现效率、促进公平的收入分配体系，彰显优势、协调联动的城乡区域发展体系，资源节约、环境友好的绿色发展体系，多元平衡、安全高效的全面开放体系，充分发挥市场作用、更好发挥政府作用的经济体制。

在此背景下，本部分通过回答三个主要问题，即现代化经济体系的马克思主义理论逻辑是什么？中国现代化经济体系形成的历史逻辑是什么？近代人类社会的现代化发展逻辑是什么？从而为厘清我国建设现代化经济体系的基本目标、规律和形成机制，继而为中国经济巨轮行稳致远，如期建成世界现代化经济强国提供前行的理论参考与历史的方向参照。

4.1 基于马克思主义政治经济学的理论逻辑

现代化经济体系，是由社会经济活动各个环节、各个层面、各个领域的相互关系和内在联系构成的一个有机整体，是面向社会主义现代化建设的经济体系，是生产力与生产关系现代化的统一体。建设现代化经济体系，就是要遵循和利用生产力和生产关系自身的发展规律、相互矛盾关系及运动规律。

4.1.1 现代化经济体系的"生产力—生产关系"框架

马克思提出，劳动生产力的要素包括"工人的平均熟练程度，科学的发展水平和它在工艺上应用的程度，生产过程的社会结合，生产资料的规模和效能，以及自然条件"[1]，他又进一步提出了"社会生产力"[2]"物质生产力"[3]"劳动生产力"[4]"自然生产力"[5]"物化生产力"[6]"资本的生产力"[7]"受自然制

---

[1] 马克思，《资本论第 1 卷》，人民出版社，1975 年版。
[2] 马克思、恩格斯，《马克思恩格斯全集第 23 卷》，人民出版社，1979 年版。
[3] 马克思、恩格斯，《马克思恩格斯全集第 13 卷》，人民出版社，1979 年版；《马克思恩格斯全集第 26 卷（上）》，人民出版社，1979 年版。
[4] 同[2]。
[5] 马克思、恩格斯，《马克思恩格斯全集第 25 卷（下）》，人民出版社，1979 年版。
[6] 马克思、恩格斯，《马克思恩格斯全集第 46 卷（下）》，人民出版社，1979 年版。
[7] 马克思、恩格斯，《马克思恩格斯全集第 26 卷（上）》，人民出版社，1979 年版。

约的劳动生产力"① 等概念。同样，马克思强调科学是生产力，这都指出了生产力发展的多维度性。从生产力的发展规律来看，生产力的现代化，就是其构成诸要素中现代化程度不断提高、发展变革的过程，包括科技革命与创新、先进机器设备的利用、管理创新、经济结构的调整与优化等。现代化生产力的发展不仅表现为劳动生产率的提高，还体现为分工范围的扩大或产品与部门结构的创新、剩余劳动的增加和人的自由全面发展以及可持续性提高等方面。

生产关系是指劳动者在生产过程中所结成的相互关系，包括生产资料所有制的形式、人们在生产中的地位和相互关系、产品分配的形式等方面。其中，生产资料所有制是生产关系体系的基础，是生产、交换、分配和消费的前提，并体现在各个环节的关系中。从生产力的发展规律来看，生产力是矛盾的主要方面，决定生产关系的发展和变革；生产关系是生产力的发展形式，必须适应生产力的状况，同时，它对生产力的反作用十分突出：当生产关系与生产力的发展要求相适应时，它会有力推动生产力的发展，当生产关系与生产力的发展要求不相适应时，它会阻碍甚至破坏生产力的发展。

4.1.2 现代化经济体系的政治经济学发展内涵

从马克思主义政治经济学的角度来看，现代化经济体系是现代化生产力与生产关系的统一体，既包括社会主义先进的生产力基础，更具备社会主义的先进制度条件。

一方面，建设现代化经济体系就是要不断增强生产力中的现代化因素，至少包括以下内容。第一，劳动资料现代化。现代化经济体系一定是科学运用现代化劳动资料和生产工具的经济模式，这就包括新一轮科技革命和工业革命带来的大数据、人工智能、量子信息、生物技术等前沿技术的应用，以及由此催生的各类新产业、新业态、新模式。第二，劳动对象现代

---

① 马克思、恩格斯，《马克思恩格斯全集第23卷》，人民出版社，1979年版。

化。现代化经济体系所引入生产的劳动对象不仅是传统生产要素，还包括土地、能源、自然资源等的高效率、集约化、绿色化使用，特别是对现代化战略资源（尤其是大数据资源）在各个生产实践领域的开发利用。这就极大加速了社会生产效率和生产力水平的提高。第三，劳动者现代化。人才是现代化建设的第一资源，现代化发展的根本动力是调动人的积极性与创造性。建设现代化经济体系所需要的，是更加具备创造性思维能力和社交能力，与现代化生产方式高度协作化、专业化、同步化相适应的劳动者。

另一方面，建设现代化经济体系也是依据现代化生产力的发展要求，重构社会主义生产关系的过程。从生产关系的角度来说，现代化经济体系就是以现代化生产关系为基础的各类现代化市场的总和，包括现代化的产业体系、流通体系、营商体系、消费体系、分配体系、创新体系、人才体系、开放体系、区域体系，等等。建设现代化经济体系的过程，就是不断调整和扬弃生产关系中落后的、不适合现代化生产力发展的因素，不断增强先进的、适应并推动现代化生产力发展因素的过程。这就表现为以改革促进制度创新，提高微观主体活力和资源配置效率；以体制机制创新促进科技创新，提高产品和服务供给的质量效率。

4.1.3 建设现代化经济体系的目标与方向

我国经济已由高速增长阶段转向高质量发展阶段，正处在转变发展方式、优化经济结构、转换增长动力的攻关期，建设现代化经济体系是跨越关口的迫切要求和我国发展的战略目标。这就需要建立以科技生产力为核心的产业体系，以生态生产力为特征的绿色发展体系，以生产力合理布局为要求的区域发展体系，解决我国生产力发展不平衡、不充分、不可持续的问题。另外，需要不断改革和完善社会主义现代化生产关系，发展公有制为主体、多种所有制共同发展的基本经济制度，强化使市场起决定性作用的资源配置机制，加快形成对生产过程和分工组织起基础作用的市场体系与经济体制、形成全面开放体系，以及构建体现效率、促进公平的收入分配体系，最终推动和实现生产力的全面现代化（见图4-1）。

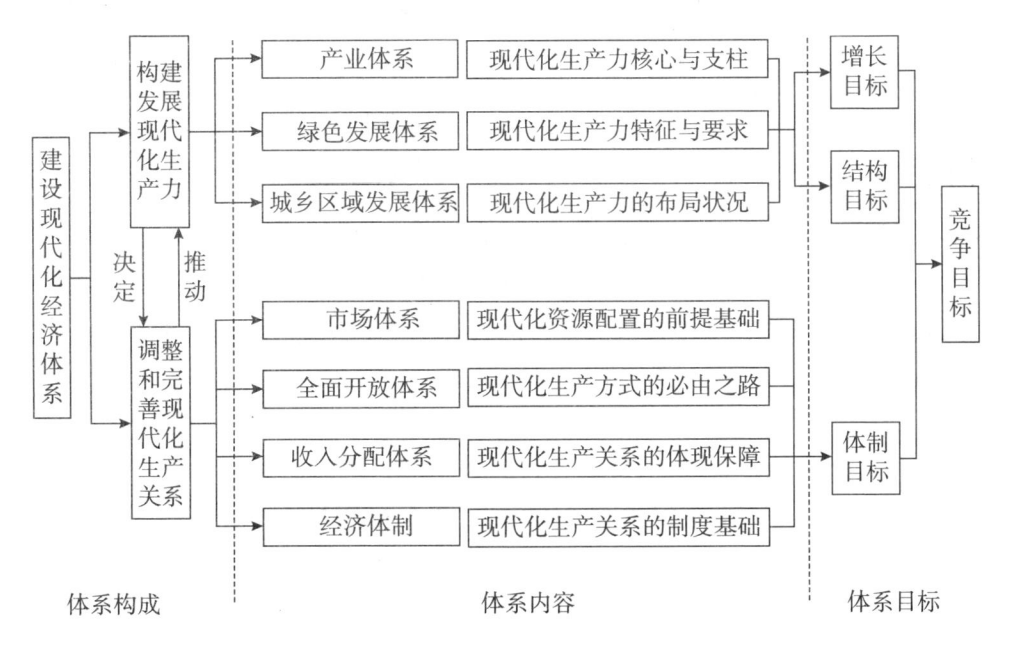

图4-1　现代化经济体系的政治经济学分析框架

2020年到2050年，是我国建设现代化经济体系的关键时期，更是实现从全面建成小康社会目标到建成社会主义现代化强国目标的关键飞跃期。从党的十九大作出的部署来看，前半程（2020—2035年）为后半程（2035—2050年）打基础。建设现代化经济体系的目标具体分为：其一，结构性目标，要通过深入推进供给侧结构性改革，促进供需实现高水平动态平衡；其二，增长性目标，经济发展在质量变革、效率变革、动力变革上取得实质性成效，根本实现发展方式的转变、经济结构的优化、增长动力的转换；其三，体制性目标，市场配置机制更加有效、市场经济主体更有活力、国家宏观调控更为有度；其四，竞争性目标，构建更具竞争力和活力的现代化经济体系，推动我国经济实力、科技实力、综合国力大幅跃升。

4.2 基于中国特色社会主义经济建设的历史演进

从我国自身现代化建设的历史经验来看,从新中国诞生到改革开放,再到社会主义新时代,我们党领导和探索中国特色社会主义经济建设的道路,始终以现代化为目标,依据国情和世界经济形势的变化发展,不断设计和确立支撑经济现代化建设的战略目标,逐步形成了从1.0版工业体系和国民经济体系,到2.0版和3.0版的社会主义商品经济与市场经济体系,再到4.0版的现代化经济体系,经济运行的体制机制愈加完善,经济发展的战略布局愈加系统,为确保"两个一百年"奋斗目标和实现中华民族伟大复兴奠定了坚实基础。

4.2.1 新中国工业与国民经济体系:工业化国家1.0版

第一代领导人对中国特色社会主义现代化道路探索与实践,是以工业化为战略目标,加快国民经济体系的建设。新中国的社会主义现代化,是从半殖民地半封建的极低起点开始的。1949年,使用机器的工业产值约占工农业生产总值的17%,而农业及其副业、个体手工业和工场手工业的产值约占工农业生产总值的83%。面对这样"一穷二白"的基础,刚刚站起来的新中国,面临着繁重的国内建设任务和动荡的国际政治环境,要在世界上站得稳,当务之急是尽快开展国民经济建设特别是工业化建设,实现从农业国向工业国的转变。

1953年毛泽东提出,要在一个相当长的时期内逐步实现国家的社会主义工业化,并逐步实现国家对农业、对手工业和对资本主义工商业的社会主义改造[①]。根据以上战略设想,中国制定和成功实施了第一个五年计划。

1956年党的八大提出了"四个现代化",即"有计划地发展国民经济,

---

① 《毛泽东文集第6卷》,人民出版社,1999年版。

尽可能迅速地实现国家工业化，有系统、有步骤地进行国民经济的技术改造，使中国具有强大的现代化的工业、现代化的农业、现代化的交通运输业和现代化的国防"。

1964年第三届全国人大第一次会议进一步提出了实现"四个现代化"目标的"两步走"设想，即第一步，用15年时间，建立一个独立的、比较完整的工业体系和国民经济体系；第二步，力争在20世纪末，全面实现农业、工业、国防和科学技术的现代化，使我国经济走在世界的前列。至此，四个现代化正式成为中国特色社会主义现代化建设的奋斗目标。1975年第四届全国人大第一次会议再次重申了"四个现代化"战略目标和"两步走"战略部署。1977年，党的十一大将"四个现代化"的目标再次写入党章。

这一时期，中国领导人对现代化战略目标的认识和设计，是为实现经济现代化，建立坚实的工业与国民经济支撑。经过二十多年的发展，到20世纪70年代末，中国不仅完成了工业化的原始积累，成功建立了独立的、比较完整的工业体系和国民经济体系、科学技术体系，经济实力、技术水平和科研开发能力也得到前所未有提高。

4.2.2 改革开放初期商品经济体系：建设小康社会2.0版

1978年12月，党的十一届三中全会的中心议题就是把党的工作重点转移到社会主义现代化建设上来，此次会议开启了中国的改革开放。中国领导人一方面重新认识中国国情，另一方面"走出去"，更加务实地提出了符合中国国情的现代化目标和战略部署。

在现代化目标的设定上，调整了原定在2000年全面实现四个现代化的目标。邓小平针对改革开放初期的基本国情，先是提出"两步走"战略设想，后提出"三步走"战略规划。1982年党的十二大党章将实现"四个现代化"作为现阶段的总任务，并取消了20世纪末实现这一目标的提法。党的十二大报告提出20世纪末的奋斗目标，力争使全国工农业的年总产值翻两番。我国

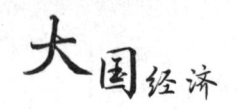

国民收入总额和主要工农业产品的产量将居于世界前列，整个国民经济的现代化过程将取得重大进展，城乡人民的收入将成倍增长，人民的物质文化生活可以达到小康水平。

1987年，党的十三大作出了社会主义初级阶段的基本判断，提出了我国经济建设的战略部署，大体分"三步走"：第一步，到1990年实现国民生产总值比1980年翻一番，解决人民的温饱问题；第二步，到20世纪末国民生产总值再增长一倍，人民生活达到小康水平；第三步，到21世纪中叶，人均国民生产总值达到中等发达国家水平，人民过上比较富裕的生活，基本实现现代化。然后，在这个基础上继续前进。

在现代化建设的布局上，从改革开放一直到党的十五大这段时期，对现代化的理解仍属于经济现代化的范畴，强调各方面改革建设对实现经济现代化的支撑。

1982年党的十二大报告提出两大建设——物质文明和精神文明，并进一步提出，当前的首要任务是把社会主义现代化经济建设继续推向前进，"促进社会主义经济的全面高涨"，而实现经济现代化最重要的是解决好农业、能源和交通、教育和科学问题，这几个方面是经济发展的战略重点。1984年党的十二届三中全会更强调，当前生产关系不适应生产力的重要原因，在于经济体制的僵化模式限制了社会主义经济的发展活力，改革的基本任务，是建立起"具有中国特色的、充满生机和活力"的社会主义经济体制。1985年中共中央在制定"七五"计划的建议中提出，为适应国民经济现代化的要求，经济建设的战略布局主要包括：合理调整产业结构、加快企业技术改造、促进地区经济布局合理化。1987年，党的十三大作出了社会主义初级阶段的基本判断，提出了我国经济建设"三步走"的战略部署，进一步强调当前条件下，要把科学技术和教育事业放在首位、合理改造产业结构和扩大对外开放，并对经济体制改革提出更加明确的要求，逐渐建立起有计划商品经济的新体制。1990年，党的十三届七中全会提出要在今后十年和"八五"期间，国民经济和社会发展取得三个方面明显进展：大力调整产业结构；

用先进技术装备改造传统产业和现有企业；正确布局生产力，积极促进地区经济合理分工和协调发展。可以说，从党的十一届三中全会到党的十三大，党中央紧紧围绕以经济建设为中心，从现代化的发展阶段和目标上看，为实现"三步走"战略的第一步和第二步，目标指向在20世纪内解决温饱、达到小康水平（十三大），初步构想我国现代化发展的支撑体系，即"产业、科技（教育）、区域＋商品经济体制"的"3＋1"的社会主义商品经济体系。

4.2.3 建立社会主义市场经济体系：全面建成小康社会3.0版

党的十二大以后，我们党对市场机制的认识不断深化，但对经济体制现代化作出重大思想理论和实践突破的，是从党的十四大到党的十五大的重要时期。进入20世纪90年代，中国经济现代化建设进入新阶段。

1992年，党的十四大报告首次明确，我国经济体制改革的目标是建立社会主义市场经济体制，并进一步调整了推动经济现代化建设的"1＋4"布局，包括建立社会主义市场经济体制、进一步扩大对外开放，调整和优化产业结构，加速科技进步、大力发展教育，以及促进全国经济布局合理化。1993年党的十四届三中全会通过《中共中央关于建立社会主义市场经济体制若干问题的决定》，提出构建社会主义市场经济体制的基本框架，正式确立我国社会主义经济体系中资源配置的基础性机制，标志着经济现代化体系建设进入新时期。在此基础上，1995年党的十四届五中全会制定出面向2010年我国现代化建设的四项经济发展任务，包括优化产业结构、加快国民经济信息化进程、大力发展科技教育和引导地区经济协调发展。

1997年，党的十五大提出为努力实现"九五"计划和2010年远景目标，力争经济发展在八个方面取得突破进展，包括完善所有制结构、加快国企改革、健全宏观调控体系、优化经济结构、实施科教兴国和可持续发展战略、努力提高对外开放水平、改善人民生活，根据党的十五大精神，"十五"计划提出，我国社会主义市场经济体制初步建立，并进一步强化了

"产业、科技、区域、开放、分配＋社会主义市场经济体制"的战略部署，可以说，这是我们党首次设计社会主义市场经济条件下的现代化经济体系。

2002年党的十六大召开，这是我们党在21世纪的第一次代表大会，也是我国开始实施社会主义现代化建设第三步战略部署的第一次大会。党的十六大报告提出了21世纪前20年加快建设现代化的主要任务，包括完善社会主义市场经济体制，推动经济结构战略性调整，并首次提出健全现代市场体系、加强和完善宏观调控的要求。根据党的十六大精神，2003年党的十六届三中全会发布《中共中央关于完善社会主义市场经济体制若干问题的决定》，我们党第二次设计我国现代化建设的经济体系，提出要建成完善的社会主义基本制度和更具国际活力、更加开放的经济体系；2005年，党的十六届五中全会进一步作出新农村建设、推进产业结构优化升级、促进区域协调发展等五大方面的战略部署。2007年，党的十七大报告提出，要确保到2020年全面建成小康社会的奋斗目标，关键要在转变经济发展方式、完善社会主义市场经济体制方面取得重大进展，并提出建设创新型国家、推动产业结构优化升级等八项具体任务；2008年，党的十七届三中全会在农业和农村发展方面，提出走中国特色农业现代化道路、城乡经济社会一体化发展等四大要求；2010年10月，党的十七届五中全会审议通过"十二五"的规划建议，强调加快转变经济发展方式，并在宏观政策、新农村建设、现代产业体系等六个方面作出了具体经济战略部署。

可以说，我国现代化经济体系设计的3.0版基本形成，即"产业、科技（创新）、区域（包括城乡）、对外开放、市场＋市场经济体制"的"5＋1"经济体系。从现代化的发展阶段和目标上看，这为实现"三步走"战略的第二步和第三步，实现小康目标并全面建成小康社会打下决定性基础。

4.2.4 新时代中国特色社会主义现代化经济体系：全面建设现代化国家 4.0 版

党的十四大以来，我国初步形成了从经济运行体制到经济支撑领域的全面部署，经济体系的内容不断丰富、布局更加完善，社会主义市场运行机制更为清晰，更加注重现代化各支撑领域的统筹发展，更加注重以结构调整和发展方式转变推动现代化建设。然而，直到党的十八大之前，党对现代化经济体系的设计仍偏重各领域局部设计、战略布局相对独立，经济体系内部尚未充分融合联通，无法为进一步推进经济现代化建设形成更为有效的支撑。

2012 年，党的十八大报告将 21 世纪上半叶的社会主义现代化总任务正式概括为：在中国共产党成立 100 年时，全面建成小康社会，在新中国成立 100 年时，建成富强民主文明和谐的社会主义现代化国家。党的十八大报告坚持以科学发展为主题，以加快转变经济发展方式为主线，在坚持加快完善社会主义市场经济体制和加快转变经济发展方式的要求下，提出"新四化同步"和五大任务，以激发市场活力、增强创新动力、构建现代产业体系、培育开放新优势。2013 年，党的十八届三中全会作出全面深化改革的重大部署，紧紧围绕使市场在资源配置中起决定性作用深化经济体制改革，加快完善现代市场体系、宏观调控体系、开放型经济体系。2015 年，党的十八届五中全会在经济建设方面强调，实现"十三五"时期发展目标必须牢固树立并切实贯彻创新、协调、绿色、开放、共享的发展理念，以新发展理念引领农业、产业、城乡、区域、生态、开放、体制七大方面经济建设。理念引领、相互融合的经济战略布局逐渐形成，适应现代生产力信息化、全球化、多样化发展态势的现代化经济体系初步构建，这是全面建成小康社会、实现第一个百年奋斗目标决胜阶段的有力支撑。

党的十九大报告是我国迈向社会主义现代化强国的新时代宣言，提出要在全面建成小康社会的基础上，分两步走，到 21 世纪中叶建成社会主义现代化强国。报告首次提出建设现代化经济体系,作为我国跨越关口的迫切要求和发展的战略目标,这就要坚持质量第一、效益优先,以供给侧结构性改革为主线,着力加快建设协同发展的产业体系,着力构建市场机制有效、微观主体有活力、宏观调控有度的经济体制,并进一步明确了建设现代化经济体系的六项任务。2018 年 1 月习近平总书记在中共中央政治局集体学习时,提出了我国现代化经济体系 "6+1" 的战略构想①,这是紧扣我国社会主要矛盾转化、适应我国经济由高速增长向高质量发展阶段转变、开启全面建设现代化国家新征程的重大经济战略部署。可以看到,建设现代化经济体系的提出,更加讲求经济建设的系统性和融合性,不再以各个领域为模块分割建设,更强调发展理念的引领和贯穿作用,更强调各领域之间的相互作用、相互融合、相互支撑,从而形成了更为一致、更加协同的经济运行体系,更有力地促进以智能化、信息化、网络化为代表的现代化生产力的快速发展,推动国民经济的高质量健康运行。

这显示出党对建设中国特色社会主义市场经济运行机制的认识越来越深化,对现代化经济规律的把握不断提升,对建设中国特色社会主义经济现代化的指导水平不断提高。标志着中国共产党对于社会主义建设规律、社会发展规律、共产党执政规律的认识达到了新的高度,标志着马克思主义的中国化,标志着马克思主义和新的中国国情相结合达到了新的高度和阶段。

4.2.5 中国经济现代化发展战略的演进与规律

从上述中国特色社会主义经济建设的发展历程可以看到,我国经济现代化是如何产生、如何发展、如何演进,从而不断地实现质变和跃迁,并长期地积累下来的(见表 4-1)。

---

① 包括创新引领、协同发展的产业体系,统一开放、竞争有序的市场体系,体现效率、促进公平的收入分配体系,彰显优势、协调联动的城乡区域发展体系,资源节约、环境友好的绿色发展体系,多元平衡、安全高效的全面开放体系,充分发挥市场作用、更好发挥政府作用的经济体制。

第四章
新时代中国特色社会主义经济思想中现代化经济体系的理论与经验

表4-1 中国经济现代化发展战略与经济体系建设（1.0—4.0版）

	1.0版 工业化体系	2.0版 商品经济体系	3.0版 市场经济体系	4.0版 现代化经济体系
时期	1953—1977年	1978—1993年	1994—2011年	2012—2050年
目标及战略	农业、工业、国防和科学技术现代化	"三步走"战略	"两个一百年"奋斗目标	新"两步走"战略
现代化布局	工业化	以经济建设为中心	从"三位一体"到"四位一体"	"五位一体"
基本国情条件	大陆型、资源丰富，但人均资源不足，工业化起点极低，但具有后发优势	人口多、底子薄、人均GDP居世界行列，具有后发优势和劳动密集型产业比较优势	教育水平提高、人力资源大国，信息、能源、交通基础设施大国	人力、人才资源强国，现代化基础设施强国，世界经济第二大国；主要污染物排放、温室气体排放、化石能源消耗第一大国
人均收入水平	极低收入	低收入	中低收入到中等收入	中等收入到中高收入
生产力水平	追赶第一次、第二次工业化	追赶第一次、第二次工业化，开始第三次工业化	追赶第二次、第三次工业化	同时完成三次工业化，引领第四次工业化
中国角色	边缘者	落伍者	追赶者	创新者
发展理念	加快实现工业化	发展是硬道理	科学发展观	五大发展理念
主要目标	1980年前建立独立的比较完整的工业体系，2000年实现工业化现代化	2000年主要工业产品产量居世界前列	2020年基本实现工业化	制造强国，先进制造业，绿色工业化，智能制造与服务
发展战略	重工业优先	传统工业化	新型工业化，工业化与信息化深度融合	绿色工业化，工业化、信息化、绿色化融合，发展先进制造业，传统产业优化升级，促进制造业与服务业协同发展

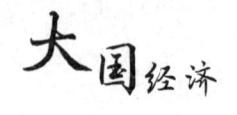

续 表

	1.0 版 工业化体系	2.0 版 商品经济体系	3.0 版 市场经济体系	4.0 版 现代化经济体系
建设模式	学习复制苏联模式	学习复制东亚模式、探索中国特色社会主义现代化模式	完善中国特色社会主义现代化模式	创新发展中国特色社会主义现代化模式
经济体制	计划经济体制	有计划商品经济体制	建立社会主义市场经济体制	完善社会主义市场经济体制
经济支撑体系	工业体系、国民经济体系、科学技术体系	"3+1"布局	"5+1"布局	"6+1"体系
重点产业	重工业、国防工业	轻工业、重工业、信息通信产业、高科技产业	大力发展信息通信、高科技产业，改造传统产业，重工业比重持续提高	绿色制造、绿色能源产业、高新技术产业、新兴战略产业比重上升，世界级先进制造业群，传统产业绿色化，数字经济，智能制造
开放方式	相对封闭、进口替代	对外开放、出口替代	全面开放、出口导向增长，开始"走出去"	"走出去"、全球市场

注：人均收入水平为按汇率法计算的人均 GDP（现价美元），数据来源为世界银行，https://data.worldbank.org/indicator/NY.GDP.PCAP.CD? end=2018&locations=CN&start=1990。

资料来源：笔者根据历届党代会报告和决议整理。

其一，我国现代化经济体系建设的根本主线是：以社会主义现代化为总领，根据实际发展阶段，明确现代化发展要求、确定现代化发展目标，根据发展目标设定发展体系和发展任务，通过构建"体制+布局"的经济发展战略，不断解放和发展社会生产力。从"一五"计划开始实施工业化战略，我国的现代化进程就是一场拼体力、拼智力、拼耐力的接力赛。历经几代中国领导人的现代化建设，紧紧围绕现代化的发展目标，结合现代化的发展要求以及现代化生产力性质态势的发展变化,不断调整生产关系及组织形式,不断丰富经济体系的现代化内涵,从体制机制上更好发挥市场在资源配置中的决定作用,形成有利于现代化发展的经济体系。

其二,我国现代化经济体系演化的基本规律:这是一个围绕解放和发展生产力这一社会主义本质要求,在不同发展阶段、不同历史时期,生产力发展决定生产关系、生产关系建设推动生产力发展的过程;这是一个实践(现代化建设)基础上由感性认识(现代化目标)上升到理性认识(经济建设任务)的过程,推动着认识(经济发展规律)由局部到全面、由孤立到联系、由简单到深入的过程,同时,是从理性认识(经济发展规律)到指导实践(现代化经济建设)知行合一的过程。

其三,我国现代化经济体系发展的主要特征:①经济领域的建设逐步系统化,随着对现代化经济运行规律的认识逐步深化,更强调各个环节、各个层面相互联系、相互作用构成经济活动的有机体,将各经济要素视为一个整体加以谋划,以求达到系统最优化;②经济与其他领域的发展逐步融合化,随着经济体系化的建设更加完善,更强调经济体系建设与社会、生态等领域的融合发展,更强调各个领域之间的发展协调性,更加体现经济现代化对社会、生态等领域现代化的全面支撑,这就体现在从单一的经济现代化建设(以经济建设为中心)到发挥经济建设对其他方面现代化建设的支撑作用;③经济体系的构建逐步制度化,随着现代化程度不断提高,经济体系更需要从政策层面的设计提升到制度层面的建设,从而为推动生产力发展提供更为有力的保障,例如收入分配体系就成为建设经济体系的重要内容;④经济体系的规划逐步动态化,有效的现代化经济体系建设,离不开准确把握我国建设现代化经济体系的阶段性目标,这就需要依据我国的发展现状、目标和任务,提出的新时期、新阶段经济建设的主要思路与战略布局,因而,建设现代化经济体系本身是一个动态的过程、变革的过程、复杂的过程、系统的过程,不仅建设目标会随着历史任务和国内外环境的变化而调整,建设任务也会随着党对社会主义现代化战略目标的深化而具体,建设内涵更会随着生产力的发展变化而不断丰富。

总之，建设中国特色社会主义现代化经济体系，就要不断清晰我国现代化发展的内涵与路径，不断加深国情发展认识，以我国实际和现代化发展的阶段要求为依据，不断设定现代化经济体系的阶段目标及内涵，不断调整和完善经济现代化建设的总布局，不断构建和充实现代化经济建设的战略部署，不断加深经济体系内部的相互联系与融合，不断扩展和加强经济领域与其他领域现代化建设的支撑关系。

4.3 基于发达国家现代化历程的国际经验

从人类社会的发展历程看，现代化是指从不发达社会成为发达社会的过程，经济现代化主要是描述从农业经济向工业经济转变的过程。张培刚先生（1945年）把工业化定义为"一系列基要的生产函数连续发生变化的过程，这种基要生产函数的变化，最好是用交通运输、动力工业、机械工业、钢铁工业诸部门来说明"[1]。1991年，张培刚先生将工业化重新增改为"国民经济中一系列基要的生产函数（或生产要素组合方式）连续发生由低级到高级的突破性变化（或变革）的过程"[2]。现代化经济体系的形成，意味着社会总体生产函数中先进要素的扩大和落后要素的消灭，最终体现为人类社会生产能力和技术水平的进步甚至飞跃。

现代化作为20世纪上半叶在全球发展背景下提出的政治概念，也具有相对的含义，既意味着一国对于传统生产方式的变革，以及政治、经济、文化、社会的进步，更意味着一国相对于其他国家在生产力和各个方面的超越。在现代国家发展的特定语境下，它还特指后发国家追赶、达到和保持世界先进水平的程度，也包括国际合作和国际分化，以及国际体系的重大变化。

---

[1] 张培刚，《农业与工业化》，中信出版社，2012年版。
[2] 张培刚、张建华，《发展经济学》，北京大学出版社，2017年版。

现代化带来的最为显著的变化莫过于经济领域内的变革，经济学家阿瑟·刘易斯认为现代化就是以西方资本主义国家为效仿对象、全面推行工业化进而实现"西化"的过程；罗斯托则认为现代社会就是具备经济上自我持续增长能力的社会，经济的持续增长使社会向现代开始过渡，这就是现代化的过程；美国学者列维认为工业化是现代化的核心内容，而工业化必然造成能源结构的变化，因此现代化的标准是非生物能源和生物能源的比率，比率越高，现代化的程度越高。与这些经济领域变革相对应的经济模式及其构成要素，就形成了现代化的经济体系。

4.3.1　发达国家现代化经济体系的发展历程

现代化最早以资本主义的形式出现，资本主义则脱胎于西欧的封建社会，随着西欧封建制的解体、文艺复兴、宗教改革的发生，人们逐渐摆脱了人身与思想的束缚，这为之后的国家现代化做好了制度铺垫。但具体来看，每个国家的现代化经验与其历史背景和具体国情紧密相连，具有特殊性。

- **葡萄牙与西班牙的现代化进程**

葡萄牙和西班牙是殖民主义时期以海外扩张为主要手段走向现代化的典型国家。它们通过建立海上霸权促进了本国贸易的发展，进而促进了本国产业的多样化。葡萄牙是欧洲第一个开始现代化进程的国家，自14世纪开启了自己的海上霸权，建立起殖民帝国，通过海上扩张取得了全方位的发展。16世纪与葡萄牙几乎同步走向远洋扩张的是西班牙，两者就国家现代化的模式而言具有显著的相似性：经济上首先是产业的多样化，沿海地带捕鱼和制盐业成为主要产业，造船业和纺织业开始萌芽；其次是内外贸易发展迅速，商业活动和生产活动联系日益密切；最后是伴随着贸易的快速发展，城市化进程迅速，一批新兴城市成长起来。

- **英国的现代化进程**

英国进入现代化的路径主要是一系列关键的现代化制度改革，特别是之后席卷欧洲大陆的工业革命。1688年爆发的"光荣革命"及之后英国议会通过的《权利法案》奠定了英国君主立宪制的基础，营造了相比欧洲其他各国更加宽松、自由和开放的环境，为英国之后资本主义的迅速发展提供了有利条件。结束了长期的政治纷争后，英国奉行着重商主义的指导思想，殖民扩张成为国家关注的重点，它以商业和贸易为目标，建立了以北美殖民地为中心的庞大帝国，给"世界工厂"提供了广阔市场。在彻底转变为自由主义经济思想后，英国为资本主义工业文明提供了良好的制度框架。18世纪下半叶工业革命在英国首先发生，主要原因有以下两点。第一，英国存在有利于资本主义生长的制度框架；第二，英国具有更为开放、流动的社会结构。这为英国工业化的开端——纺织业提供了充足的劳动力，并为英国带来了全方位的变化，包括技术变革及其在生产中的应用，工厂制的出现及经济结构的变化，以及伴随经济发展的社会现代化变革。

- **法国的现代化进程**

政府的引导和干预是法国走向现代化的重要特点。18世纪初法国是西欧最强大的国家，虽然专制王权促进了经济发展，但其负面作用十分明显。当现代化竞争在欧洲各国全速展开时，经济的发展迫切需要与之相应的现代化政治体制，法国由于特有的思想基础、文化特质和历史传统，试图通过激进革命的方法实现政治现代化，这使得法国在很长的一段时间里政局动荡、经济发展缓慢、社会矛盾不断。

在经济方面，法国表现出不同于自由放任政策的特征。政府在工业化进程中采取了直接或间接的干预，包括通过立法管理市场、通过财政收入和支出调节经济活动、直接投资基础设施建设、控制货币发行和对重要部门垄断，很快取得了显著效果。

此外，法国从传统农业社会向现代工业社会的转型中最深刻的变化，是传统农民向现代人的转变。法国大革命后，法国工业现代化对农业、农村和农民产生了巨大影响：第一，自然经济逐渐解体，农民与民族社会融合，革命过程中得到强化的民族意识和民族情感，极大地促进了民族心理的一致性和民族共同体的凝聚力；第二，法国农民受教育水平不断提高，这与法国政府对教育的重视是分不开的。

- **德国的现代化进程**

全面现代化是德国现代化崛起的重要特征。德国现代化进程启动相对较晚，直到19世纪初才真正开始向现代化迈进。在这一过程中统治集团始终发挥了主导性的作用，一再通过自上而下的改革促进现代化，由此形成了一种防御性的现代化模式。这在德国的现代化进程中无疑起到了积极的作用，然而政治现代化并没有得到同步发展，这种不平衡成为制约德国发展的最根本问题。直到第二次世界大战结束，德国才重新走上一条全面发展的现代化之路。联邦德国在第二次世界大战后经济迅速恢复和飞跃，主要原因有以下几点：第一，近代以来其推进现代化尤其是工业化，工业化拥有良好的基础，工业生产能力保留程度高；第二，科学技术和文化教育事业非常发达，熟练劳动力人口多；第三，采取和平经济发展道路，不仅获得了安全保障，集中精力发展经济，还获得了大批援助；第四，依据国情确立了"社会市场经济"体制，在经济高速增长的同时，产业结构和居民就业结构也发生深刻变化，成为其社会现代化高度发展的重要标志。

- **美国的现代化进程**

美国的现代化具有增长内生性、发展稳定性、内部多样性三个重要特点。主要来看，美国的现代化进程与工业快速发展得益于先天良好的资源环境、对英国科技成果的大量借鉴、生产要素投入的不断增加、政府的政策扶持、一流的企业管理，等等。美国工业化借鉴和仿效英国的发展道路，以棉纺织业为契机在19世纪上半叶取得了巨大的成功。正是这一时期美国的三大经济区域特点基本形成：第一，东北部异军突起，在繁荣的农业基础上实现了工业化转变，成为美国工业的中心；第二，美国的工业化越来越呈现内生性特点，通过开发本国资源，不断扩大国内市场，最终成为工业产品的主要市场；第三，美国早期工业化主要来自生产要素的不断积累。19世纪后期到20世纪初，美国制造业向新兴部门拓展延伸，并通过第二次科技革命带动了钢铁、石油、电力、机械部门的崛起。与此同时，公司制结构的不断完善和跨国公

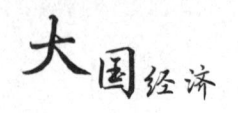

司的崛起，更是美国经济快速超越欧洲各国的重要因素。

- **日本的现代化进程**

日本现代化进程呈现出大多后发国家的主要特征：变革的压力来自外部，变革的动力自上而下，政府在推动现代化中起到主导作用。面对西方国家的冲击，日本在很短的时间内脱颖而出、后来居上，迅速具备抗衡世界强国的实力，成为当时成功达到现代化目标的唯一的亚洲国家。从新政府成立到地税改革的完成，日本明治政府仅用了10年左右的时间，基本完成了对封建幕府体制的破旧改革，为日本迅速走上资本主义道路扫清了障碍。学习西方成为日本精英阶层的共识，木户孝允等人提出了"文明开化""殖产兴业""富国强兵"三大政策，主要包括教育改革，学习西式生活习惯；以传统产业为基础发展农牧业、轻工业和海运；进行军事体制变革，引进先进军事科技，等等。国家政权在现代化方方面面都起到了关键的主导作用，可以说，建立起一个愿意推动变革的强大政权是日本成功迈向现代化的关键因素。

4.3.2 现代化经济体系的主要构成机制

亨廷顿将人类的现代化进程总结为九大特征：第一，现代化是革命的过程，从传统向现代的转变必然涉及人类生活方式根本的和整体的变化；第二，现代化是复杂的过程，它包含着人类思想和行为一切领域的变化；第三，现代化是系统的过程，现代化的各个因素密切地联系在一起；第四，现代化是全球的过程；第五，现代化是长期的过程；第六，现代化是有阶段的过程；第七，现代化是一个同质化的过程；第八，现代化是不可逆转的过程；第九，现代化是进步的过程。

习近平总书记指出，建设现代化经济体系，要借鉴发达国家有益做法，更要符合中国国情、具有中国特色。可以说，从主要发达国家的现代化历程来看，各国现代化经济体系的形成，体现出以下共同的发生机制。

第一，形成国内统一大市场。国内贸易自由化为一国内部的个人和企业提供了充分的发展空间和发展动力。而统一开放、竞争有序的国内市场作为现代化经济体系的重要支撑，必须实现市场的准入畅通、开放有序、竞争充分、秩序规范，建立商品和要素高效配置、保护消费者选择的市场。

第二，经济实体化、高度工业化。工业化始终是现代化发展的核心内容，它不仅带来了劳动生产率的大幅提高，还将深刻地影响社会结构的变化。创新引领、协同发展的产业体系是现代化经济体系的核心，同时要强调以实体经济、科技创新、现代金融、人力资源协同发展，推动各类要素资源向实体经济汇聚发力，形成整体发展效应。

第三，教育普及与人力资本积累。经济现代化建设，人才是第一资源，各国的现代化发展无不得益于政府的长期甚至免费教育投资，建设现代化经济体系需要更多与现代化生产方式相适应、相结合的劳动者。

第四，以全面创新引领现代化发展。经济现代化建设，创新是第一动力、科技是第一生产力，这就需要把创新贯穿一切工作，推动科技创新、制度创新、组织创新，牢牢把握新一轮世界工业革命的机遇，真正发挥创新引领作用，提高社会的全要素生产率和科技进步贡献率，不断增强经济体系的创新力和竞争力。

第五，保证社会稳定，提高人民生活水平。社会动荡是阻碍国家现代化进程的障碍之一。人民生活水平能否改善和提高是关键，这不仅是衡量现代化发展成果的根本标志，更是现代化发展的出发点和根本落脚点。只有以人民为中心的发展才是现代化真正追求的目标。建设现代化经济体系从而离不开体现效率、促进公平的收入分配体系，它可以实现收入分配合理、社会公平正义、全体人民共同富裕，逐步缩小收入分配差距。

第六，加入开放经济，推动经济全球化。对单一国家的现代化发展过程而言，开放经济带来的不仅是投资和贸易，更有先进的技术和理念。建设现代化经济体系，就需要具备多元平衡、安全高效的全面开放体系。这是培育国际合作竞争新优势、开拓国际发展空间的必然要求，也是更好利用全球资源和市场、为经济发展增添现代化动力的必然要求。

第七，政府的积极作为与推动引导。发达国家的现代化历程都在一定程度上证明了,即使在资本主义市场经济条件下,政府也要在现代化发展中发挥必不可少的关键作用。对建设社会主义现代化经济体系来说,政府不仅要在制定和实施现代化发展战略中,更要在建立完善基本经济制度以及其他经济运行机制上起到重要推动作用,从而建立起市场机制有效、微观主体有活力、宏观调控有度的现代化经济体制。

4.4 总结:认识建设现代化经济体系的基本规律

中国作为世界性现代化的后来者、追赶者,如何建成社会主义现代化强国始终是中国领导人面临的核心问题。随着改革开放的深入,对于什么是社会主义现代化、如何推进现代化,我们党不断实践、不断认识、不断探索、不断创新、不断深化,进而走出了一条具有中国特色的社会主义现代化之路。经济现代化一直是现代化建设的核心内容。然而,对于应当建立一个什么样的经济体系、如何发挥其支撑社会主义现代化的需要,尚未形成较为清晰的认识框架与理论对话。这越来越成为我国建成现代化经济强国面临的重大理论与实践命题。

习近平总书记指出,现代化经济体系是由社会经济活动的各个环节、各个层面、各个领域的相互关系和内在联系构成的一个有机整体。现代化经济体系是面向社会主义现代化目标的经济体系,建设现代化经济体系、充分发挥现代化经济体系对现代化建设的支撑作用,就需要厘清经济体系框架的内在关联、发展规律,以及形成系统化运行模式的主要机制。本书基于马克思主义政治经济学的理论逻辑、中国特色社会主义经济建设的历史演进,以及发达国家现代化历程的发展经验,对建设现代化经济体系的目标、规律和机制进行了探讨。

从马克思主义政治经济学的理论逻辑来看,建设现代化经济体系的目标包括以下内容。其一,结构性目标,通过深入推进供给侧结构性改革,促进供需实现高水平动态平衡;其二,增长性目标,经济发展在质量变革、效率变革、动力变革上取得实质性成效，根本实现发展方式的转变、经济结构的优化、增长动力的转换；其三，体制性目标，市场配置机制更加有效、市场经济主体更有活力、国家宏观调控更为有度；其四，竞争性目标，通过构建更具竞争力和活力的现代化经济体系，推动我国经济实力、科技实力、综合国力大幅跃升。

从中国特色社会主义经济建设的历史演进来看，建设中国特色社会主义现代化经济体系，就要不断清晰我国现代化发展的内涵与路径，不断加深国情发展认识，以我国实际和现代化发展的阶段要求为依据，不断设定现代化经济体系的阶段目标及内涵，不断调整和完善经济现代化建设的总布局，不断构建和充实现代化经济建设的战略部署，不断加深经济体系内部的相互联系与融合，不断扩展和加强经济领域与其他领域现代化建设的支撑关系。

从发达国家现代化历程的发展经验来看，现代化经济体系的形成离不开以下发生机制：第一，形成国内统一大市场；第二，经济实体化、高度工业化；第三，教育普及与人力资本积累；第四，以全面创新引领现代化发展；第五，保证社会稳定、提高人民生活水平；第六，加入开放经济，推动经济全球化；第七，政府的积极作为与推动引导。

第五章
建设现代化经济体系的政策框架

改革开放至今，党中央对我国社会主义经济建设战略目标精心谋划，先后提出以经济建设为中心（1986年党的十二届六中全会），经济现代化建设（2002年党的十六大报告、2007年党的十七大报告、2012年党的十八大报告），建设现代化经济体系（2017年党的十九大报告）。这是我们党根据新时代的历史方位、主要矛盾和发展目标，对经济发展作出的总体部署和扎实安排。建设现代化经济体系是跨越关口的迫切要求和我国发展的战略目标，具有重要的时代背景与历史意义：其一，建设现代化经济体系是由中国发展阶段的性质决定的；其二，建设现代化经济体系是由中国当前基本国情决定的；其三，建设现代化经济体系是由中国未来的发展目标决定的。

建设现代化经济体系是我国从高速增长阶段顺利转向高质量发展阶段的必然要求，是创造人民美好生活的必由之路。党的十九大报告首次提出建设现代化经济体系，旨在解放和发展社会生产力，坚持社会主义市场经济改革方向，加速各类现代化要素的投入和积累，全面释放改革红利，激发全社会创造力和发展活力，不断增强经济创新力和竞争力，努力实现更高质量、更有效率、更加公平、更可持续的发展。

建设现代化经济体系，已成为创造中国经济奇迹的战略目标和路线图。那么，在这一新时代和新的历史方位下，应当怎样正确认识和理解现代化经济体系的内涵与主要特征？从国际经验来看，发达国家经历了一条怎样的现代化经济发展路径，具有哪些重要经验？当前党中央为何提出建设现代化经济体系的重要部署,应当如何建设现代化经济体系?本部分尝试回答这些问题,进而较为系统地梳理现代化经济体系的内涵、特征、主要内容,并通过国际比较,提出新时代我国建立现代化经济体系的战略路径与政策建议。

5.1 建设现代化经济体系的内涵、特征、主要内容

党的十九大报告指出,建设现代化经济体系是跨越关口的迫切要求和我国发展的战略目标。必须坚持质量第一、效益优先,以供给侧结构性改革为主线,推动经济发展质量变革、效率变革、动力变革,提高全要素生产率,着力加快实体经济、科技创新、现代金融、人力资源协同发展的产业体系,着力构建市场机制有效、微观主体有活力、宏观调控有度的经济体制,不断增强我国经济创新力和竞争力。

可以说,现代化经济体系是实现经济现代化的物质基础。建立现代化经济体系的目的,就是不断抛弃经济发展中的落后因素、不断增强现代化因素,最终推动和实现社会生产力的全面现代化。总体来说,现代化经济体系主要包括创新引领、协同发展的产业体系,统一开放、竞争有序的市场体系,体现效率、促进公平的收入分配体系,彰显优势、协调联动的城乡区域发展体系,资源节约、环境友好的绿色发展体系,多元平衡、安全高效的全面开放体系,充分发挥市场作用、更好发挥政府作用的经济体制等。

5.1.1 现代化经济体系的政治经济学内涵

从马克思主义政治经济学来说,现代化经济体系既是推动生产力发展的物质基础,又包括反作用于生产力发展的制度条件,是现代化生产力和现代化生产关系的综合。一方面,作为物质基础的现代化经济体系是现代化生产力的实现路径和具体体现,是人类在生产实践中改造和影响自然以使其适合社会需要的现代化物质力量;另一方面,作为上层建筑的现代化经济体系是反作用并推动现代化生产力发展的重要经济制度。

从生产力的角度来说，现代化经济体系的基本要素包括以下三方面内容。

第一，现代化劳动资料和生产工具。劳动资料也称劳动手段，它是人们在劳动过程中所运用的物质资料或物质条件，其中最重要的是生产工具。现代化经济体系一定是科学运用现代化劳动资料和生产工具的经济模式，这就包括互联网、人工智能、区块链等信息技术手段的应用。

第二，现代化劳动对象。一切自然物质都是可能的劳动对象，其中引入生产过程中的部分则是现实的劳动对象。现代化经济体系所引入生产的劳动对象不仅有传统生产要素，如土地等，更包括现代经济资源，例如大数据。

第三，现代化劳动者。劳动者是具有一定生产经验、劳动技能和知识，能够运用一定劳动资料作用于劳动对象的生产者。现代化的实质是人的现代化，根本动力是调动人的积极性与创造性，与现代化经济体系相对应的，是更适应于高度分工协作、高度专业化、高度技术化的各类劳动者，高受教育年限和高人力资本投资是现代化经济体系中劳动者的重要特征。

从生产关系的角度来说，现代化经济体系是以现代化生产关系为基础的各类现代化市场的总和。生产关系是人们在社会生产过程中发生和结成一定的、必然的、不以意志为转移的关系，即同他们的物质生产力的一定发展阶段相适合的生产关系。这些生产关系的总和构成社会的经济结构，即有法律的和政治的上层建筑竖立其上，并有一定的社会意识形态与之相适应的现实基础。

因此，在生产关系方面，现代化经济体系就是现代化的市场经济体系，主要包括现代化的产业体系、流通体系、营商体系、消费体系、分配体系、创新体系、人才体系、开放体系、区域体系，等等。

5.1.2 现代化经济体系的建设内涵

现代化经济体系是在市场经济条件下，经济个体、企业和产业通过市场机制紧密联系在一起，进而形成横向紧密联合、上下游密切协作的经济体系。建设现代化经济体系是推动高质量发展的有力支撑与物质基础。推动高质量发展的现代化经济体系建设，不仅是以习近平同志为核心的党中央关于新时代我国经济社会发展所处历史方位和所遵循基本路径的重大政治判断，是新时代经济工作的总依据，也是对经济学研究提出的崭新复杂命题。建设现代化经济体系有着深刻的马克思主义政治经济学理论基底，符合中国经济社会发展的阶段特征，也有着通过指标体系来考量的科学依据和依靠政策体系来推动的实践基础。

- **建设现代化经济体系要以人类发展本真为追求**

从经济学基础理论看，建设现代化经济体系、推动高质量发展，体现经济发展的本真性质，对满足人民日益增长的美好生活需要的使用价值面，即供给侧给予关注。发展质量的高低，最终是以经济发展能否满足人民日益增长的美好生活需要为判断准则，而美好生活需要绝不仅仅是单纯的物质性要求，而将越来越多地表现为人的全面发展的要求。

从需求方面看，生产的最终目的是满足人民的需要，即需求的产生根本取决于商品的使用价值（产品的可用性）而不仅仅是交换价值（价格的相对性）。因此随着收入水平的提升和经济发展，决定产品需要的因素就不仅仅来自交换价值（价格水平），更依赖于使用价值（质量），即人们对商品需求会发生从"有没有"到"好不好"的决策变化。

从生产方面看，人类从事生产活动，归根结底当然是为了获得使用价值，以满足人的真实需要。这是一个再朴素不过的常识性事实。而随着真实需要的不断提升（从"有没有"到"好不好"）和生产能力的相应提高（不断提高利润水平的资本冲动）[①]，产品的使用价值性能在不断提升，这也是经济活动的原初本真性。

- **建设现代化经济体系要以新发展理念为引领**

现代化经济体系就是能够更好满足人民不断增长的实际需要的经济社会

[①] 生产和提供产品的供给者众多，卖方的产品交换价值要得以实现，必须要有更具优势的性价比，才能在竞争中战胜对手完成交易过程。这可以称为质量的竞争力，即同竞争对手相比较的质量优势。很显然，质量合意性决定质量竞争力，质量竞争力决定产品的价值实现。

发展方式、结构和动力状态。这种新动力机制的供给侧是创新引领,需求侧则是人民向往。

从需求方面来看,党的十九大报告中所指出新时代我国经济发展的"不平衡不充分",就是指当经济增长的量不足这一问题基本解决后,发展质量的问题就凸显出来,而满足人们实际需要的最重要途径就是促进经济系统创新能力的不断提高。

从创新方面来看,科学发现、技术发明和产业创新是现代化经济发展的关键动因,只有创新驱动的经济才能实现持续的现代化经济发展。在建设现代化经济体系中,以及在体制和政策安排上,要进一步提升整个国家科技创新体制机制的开放性,将科学发现、技术发明、产业技术创新及企业研发和新产品产业化、金融化等各环节相互联通,形成产融结合的新机制,保障和促进科研成果的产生和产业化。

- **建设现代化经济体系要以提高效益、实现平衡充分发展为主要任务**

市场经济条件下,实现商品交换价值的前提是实现商品的使用价值,使用价值的"变现"能力强弱成为经济增长能否可持续的关键。从这个意义上说,建设现代化经济体系、推动高质量发展,就是解决供给水平与需求发展不平衡、供给能力不充分的矛盾,进而不断提高经济运行效益,解决经济社会发展升级的主要矛盾。为满足人民日益增长的美好生活需要,要通过顶层设计解放和发展社会生产力,调整经济结构,实现更高水平和更高质量的供需动态平衡,显著提升经济和社会的发展质量。因此,建设现代化经济体系既是质量变革,也是效率变革、动力变革;既需要科技创新,也需要体制机制创新。

5.1.3 现代化经济体系的主要特征

一是高质量的经济发展。以科技驱动代替要素驱动,形成以创新为引领发展第一动力的创新型国家,以绿色能源和循环经济实现经济增长与排放污染"脱钩",建成人与自然和谐共生的绿色经济模式。这就意味着中国将进入全面创新时代、绿色发展时代，将成为包括科技强国、质量强国、航天强国、网络强国、交通强国、数字国家、智慧社会等在内的创新型国家。

二是高效益的经济水平。建设实体经济、科技创新、现代金融、人力资源协同发展的产业体系，全要素生产率大大提高。

三是中高速的经济增速。作为举足轻重的大国，中国的经济增速保持世界前列，人均收入持续增长，迈向高收入阶段。

四是高水平的农村发展。具有较高的农业综合生产能力、完善的现代农业产业体系、融合的城乡发展体制、现代化的农业科学技术。农村居民收入与城市居民收入同步增长，并较快提高。

五是更平衡的地区格局。国家战略规划、跨地区战略规划、区域性战略规划衔接有序、配合有效。区域协调发展机制更加成熟，生产要素的配置和流动更为有效。跨地区的转移和互助机制逐步成型。形成以城市群为主体的大中小城市和小城镇协调发展的城镇格局。

六是更完善的市场经济体制。包括更具活力的市场调节机制、更具竞争力的国有资产管理体制、更有效率的政府服务体系以及更加安全有效的宏观调控与政策协调机制。

七是更全面的对外开放。形成陆海内外联动、东西双向互济的开放格局。成为贸易强国、对外投资强国，具备一批全球贸易中心、研发中心，以及面向全球的创新合作、产能合作、服务合作、投融资合作网络。

5.1.4 现代化经济体系的主要内容

其一，现代化产业体系，这主要是以实体经济、科技创新、现代金融、人力资源协同发展的产业体系；其二，现代化市场体系，这主要包括现代化的流通体系、营商体系、消费体系；其三，现代化分配体系，体现效率、促进公平的收入分配体系，实现收入分配合理、社会公平正义、全体人民共同富裕的分配体制；其四，现代化创新体系，创新是第一动力，是建设现代化经济体系的战略支撑，包括系统化的战略科技力量体系、综合性的科技创新基地和平台体系、基础研究和原始创新力量体系、重大科技项目推进体系、以企业为主的技术创新体系、各具特色的区域创新体系、完善的军民融合创新体系、开放式的国际创新协作体系；其五，现代化绿色发展体系，这就包括清洁低碳、安全高效的能源体系，完善有效的生态安全屏障体系，健全的生态文明制度体系；其六，现代化人才体系，人才是发展的第一资源，现代化经济体系的建设离不开系统性的人才发展制度；其七，现代化对外开放体系，开放是建设现代化经济体系的必然要求，包括促进国内国际要素有序流动、资源高效配置、市场深度融合的对外开放战略体系，法制化、国际化、便利化的对外开放合作体系，与世界各国和地区多领域互利共赢的务实合作体系，引导全球经济、维护和加强多边贸易体制，促进构建平等公正、合作共赢的国际经济新秩序的全球经济治理体系；其八，现代化区域发展体系，包括促进区域协调、协同、共同发展的区域总体战略，要素有序自由流动、主体功能约束有效、基本公共服务均等、资源环境可承载的区域协调发展机制，推动区域良性互动、实现城乡融合发展、统筹陆海整体优化的横向协同机制，帮扶重点地区、发挥各地比较优势、激发区域发展活力的统筹发展机制；其九，现代化宏观经济体制，现代化宏观经济体制是建立和完善现代化经济体系的制度保障，包括完善的产权制度和要素市场化配置体系，激发各类市场主体活力的市场机制，科学有效的宏观调控机制，健全的财政、货币、产业、区域、投资、消费等政策协调机制。

5.2 建设现代化经济体系的战略路径

现代化经济体系是实现经济质量提升的物质基础，是推动经济焕发活力、激发动力、催生创新力的重要条件，是实现高质量发展的有力支撑。党的十九大报告指出，要着力加快建设实体经济、科技创新、现代金融、人力资源协同发展的产业体系，这就必须坚持以实体经济为基础、以创新为第一动力、以金融支持为血脉、以人力资源为第一资源，打造实体、创新、金融、人力四者协调、同步、融合、互动发展的现代产业体系。另外，建设现代化经济体系，不仅是生产力的现代化，更要实现经济关系和经济体制的现代化。

5.2.1 建设现代化经济体系的总体战略

总体来看，建设现代化经济体系，要从"破""强""降""补"四个方面着手。

一是破除旧结构。从供给结构来看，减少无效和低端供给、扩大有效和高端供给，增强供给结构对需求变化的适应性和灵活性，是建设现代化经济体系的前提。这就需要根据新发展理念的要求，着力破除无效投入和无效供给，改变僵化、不适宜的产业结构和生产组织方式，处置"僵尸企业"，该"断奶"的就"断奶"，该断贷的就断贷，坚决拔掉"输液管""呼吸机"，破除旧结构对社会资源的无效占用和对产业结构向高质量升级的阻碍。

二是增强新动能。从经济动力来看，建设现代化经济体系是经济水平发展到较高阶段出现的客观要求，体现在发展动力由资源要素投入、技术变革向创新驱动转变的关键时期。这就需要强化科技创新、培育新业态新模式，在中高端消费、创新引领、绿色低碳、共享经济、现代供应链、人力资本服务等领域形成新增长点，着力提高社会全要素生产率；这就需要深入实施创新驱动发展战略，深化供给侧结构性改革和企业制度改革，不断提升企业和整个经济体系的质量效益。

三是降低实体经济成本。市场运行较高的交易成本是经济发展质量不高的表现，也是导致经济发展质量难以提高的重要障碍。在经济学理论上，市场交易成本对经济发展的质量具有重要影响。尽管实践中难以做到交易成本为零的制度安排，但最大限度减少交易成本，因而使产权关系更有效发挥作用，是建设现代化经济体系的改革方向。这就需要降低企业负担，清理规范涉企收费，增强市场经济活力；放松管制，消除资源由低效部门向高效部门流动的障碍，构建竞争公平的市场体系，提高资源配置效率。

四是补足经济社会发展短板。进入新时代，人民不仅对物质文化生活提出了更高要求，而且在精神、制度等方面的需求也日益增长，建设现代化经济体系的内涵从单一的经济领域延伸到公平、安全、环境等方面，需求的数量明显增加，而且需求的质量显著增强。这就需要着力缓解经济运行和社会发展当中存在的突出失衡，强化和补齐高质量发展"短板"，推动区域、城乡、生态等方面平衡发展，促进经济关系比例和空间布局更加协调合理；这就需要加大民生领域建设，加快实现基本公共服务均等化，推动形成高收入有调节、中等收入有提升、低收入有保障的合理分配格局。

5.2.2 建设现代化经济体系的总体布局

- **建设现代化经济体系的原则**

坚持质量第一、效率优先。微观层面，体现在产品和服务的高质量，体现在市民的高获得感和高幸福感；中观层面，体现在产业和区域发展的高质量、高效益，体现在特色产业价值链的位置从中低端加工组装向研发、设计、品牌、供应链管理等中高端环节提升，体现在生产各环节、生活各方面的低资源消耗和低污染排放；宏观层面，体现在国民经济整体质量和效率，全要素生产率是重要衡量指标，要形成更加有效的要素配置环境，着力提高全要素生产率和对经济增长的贡献。

- **建设现代化经济体系的主线**

建设现代化经济体系，必须基于新发展理念进行新的制度安排，通过供给侧结构性改革才能实现。这就需要通过实施一定的制度安排和形成新的机制，用改革的办法推进结构调整，大力破除无效供给，改变僵化、不适宜的产业结构和生产组织方式，优化存量资源配置，扩大优质增量供给，适应市场需求变化，大力提升产品和服务质量，丰富花色品种，促进供需动态平衡。

- **建设现代化经济体系的目标**

建设现代化经济体系的目标是实现"三大变革一大提高"，就是要推动经济发展的质量变革、效率变革、动力变革，最终提高社会全要素生产力。我国经济发展正处于转变发展方式、优化经济结构、转化增长动力的关键期，建设现代化经济体系才能实现经济由量的扩张向质的提高的飞跃，促进制造业由大变强，产业结构迈向中高端，使经济发展动力从主要依靠低成本要素投入转向主要依靠科技创新和人力资源质量优势，显著提高社会全要素生产力和整体经济效益。

具体来看，建设现代化经济体系目标包括：第一，建立现代化经济体系，这是为了赶超世界科技、经济现代化前沿水平；第二，建立现代化经济体系，这是为了加快转变发展方式、优化经济结构、转换增长动力，显著提高全要素生产率；第三，建立现代化经济体系，这是为了主动适应新时代主要矛盾转化的巨大需要，满足消费者多样化、个性化、不断升级的巨大需求。

5.2.3 建设现代化经济体系的主要任务

现代化经济体系是由社会经济活动各个环节、各个层面、各个领域的相互关系和内在联系构成的有机整体。建设现代化经济体系几乎涉及改革发展方方面面，必须做好顶层设计，尤其是两方面工作。一是创新引领、协同发展的产业体系建设。加快建设实体经济、科技创新、现代金融、人力资源协同发展的产业体系。二是促进现代化经济发展的经济体制建设。构建市场机制有效、微观主体有活力、宏观调控有度的经济体制。

具体来说，党的十九大报告对建设现代化经济体系指明了清晰的方向，包括大力发展实体经济、加快实施创新驱动发展战略、实施乡村振兴战略、推动城乡区域协调发展、着力发展开放型经济、深化经济体制改革，这需要做到以下几点。

第一，必须以实体经济为经济发展的着力点。在经济结构上，要从传统的经济发展转变为现代的经济发展，从以农业主导、以工业主导的产业体系转变为一二三产业协调的现代产业体系，不仅拥有先进制造业，推动互联网、大数据、人工智能和实体经济深度融合，还必须形成若干世界级先进制造业集群，加快形成新的现代产业优势。建成以服务业特别是现代服务业为主的经济体。

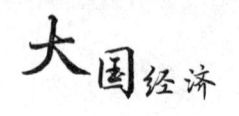

在中高端消费等领域培育新增长点、形成新动能、创造新需求。

第二,加快培育新的增长点,形成新动能。要紧紧抓住创新引领发展的"牛鼻子",瞄准世界科技前沿,强化基础研究,实现前瞻性基础研究、引领性原创成果重大突破,努力使科技创新在实体经济发展中的贡献率(科技进步贡献率)不断提高①。

增强原始创新能力,提高科技的持续创新能力。既要实现原创成果的重大突破,更要形成对国民经济发展各重要领域的全方位战略支撑,加快科技创新的体制机制和人才机制的建设。增强科技力量和科技资源,促进科技成果加速转化,造就一大批科技人才和高水平创新团队。在发展动力上,要从以自然资源、资本资源、劳动力资源为主要驱动力转变为以创新驱动为主,使人力资源、人才和科技创新成为推动中国建成大发展、大繁荣的共同富裕社会的关键要素。

第三,不断增强金融服务实体经济能力。要把更多金融资源配置到经济社会发展的重点领域和薄弱环节,更加注重供给侧的存量重组、增量优化、动能转换。

第四,增强和优化人力资本,支撑经济发展。要优先发展教育事业,加快教育现代化,推动城乡义务教育一体化发展,建设知识型、技能型、创新型劳动者大军,从人口红利转向人力资本红利。

第五,推动农村现代化建设大发展。重点推动农村基础设施建设,不断提高农村公共服务水平,全面改善农村生产生活条件,加快推进农业现代化水平,形成现代农业产业体系、生产体系、经营体系,建设产业兴旺,生态宜居,乡风文明,治理有效,生活富裕的社会主义现代化农村。形成集约化、专业化、组织化、社会化相结合的新型农业经营体系。着力在城乡规划、基础设施、公共服务等方面推进一体化,形成城乡要素平等交换和公共资源均

---

① 我国科技进步贡献率从 2007—2012 年的 52.2% 上升至 2012—2018 年的 58.5%。人民网,《2018 年科技进步贡献率预计超过 58.5%》,http://society.people.com.cn/n1/2019/0110/c1008-30514193.html,访问日期为 2019 年 8 月 30 日。

衡配置新格局。

第六,加快推动地区发展新战略。中国广阔的中西部腹地为中国的产业转移留下了巨大的战略空间,未来中国的产业发展将展现全面的全球竞争力,中国的沿海地区将成为高附加值产业、高科技产业、现代服务业的开放高地和全球的创新工厂,内陆地区将成为制造业的开放高地和新的世界工厂。

第七,进一步全面提高开放型经济水平。实行更加积极主动的开放战略,完善互利共赢、多元平衡、安全高效的开放型经济体系。经济全球化为中国的发展创造巨大的市场空间、投资空间、就业空间。中国培育一批世界水平的跨国公司和全球公司。以"一带一路"倡议为代表,统筹双边、多边、区域、次区域开放合作,加快实施自由贸易区战略,推动同周边国家互联互通。

5.3 建设现代化经济体系的政策建议

5.3.1 以五年规划推动现代化经济体系建设

党的十九大对建设现代化经济体系作出全面部署。现代化经济体系的内容可以归纳为七个方面:建设创新引领、协同发展的产业体系;建设统一开放、竞争有序的市场体系;建设体现效率、促进公平的收入分配体系;建设彰显优势、协调联动的城乡区域发展体系;建设资源节约、环境友好的绿色发展体系;建设多元平衡、安全高效的全面开放体系;建设充分发挥市场作用、更好发挥政府作用的经济体制。

"十三五"规划更加注重健全宏观调控体系,创新宏观调控方式,增强宏观政策协同性,更加注重扩大就业、稳定物价、调整结构、提高效益、防控风险、保护环境,更加注重引导市场行为和社会预期,从而为建立现代化经济体系营造稳定的宏观经济环境。更重要的是,从"十三五"规划的内容和布局来看,建设现代化经济体系、实现现代化经济体系的发展目标与规划纲要之间具有紧密的衔接与对应关系(见表5-1),这直接体现在国家"十三

五"规划的具体指标、重大任务和重大工程上。

表 5-1　现代化经济体系与国家"十三五"规划

建设现代化经济体系的七个方面	建设现代化经济体系的主要要求	国家"十三五"规划纲要中对应的内容
建设创新引领、协同发展的产业体系	大力发展实体经济；加快实施创新驱动发展战略	实施创新驱动的发展战略；实施制造强国战略；支持战略性新兴产业发展；深入推进大众创业、万众创新；加快推动服务业优质高效发展；拓展网络经济空间；拓展蓝色经济空间
建设统一开放、竞争有序的市场体系	深化经济体制改革，重点是产权制度与要素市场化	建立现代产权制度
建设体现效率、促进公平的收入分配体系	—	全力实施脱贫攻坚；缩小收入差距；改革完善社会保障制度；推进健康中国建设；增加公共服务供给
建设彰显优势、协调联动的城乡区域发展体系	实施乡村振兴战略；积极推动城乡区域协调发展	推进新型城镇化；深入实施区域发展总体战略；大力推动东北地区等老工业基地振兴、京津冀协同发展、长江经济带发展；实施人才优先发展战略
建设资源节约、环境友好的绿色发展体系	—	推进资源节约集约利用；加大环境综合治理力度；加强生态保护修复；积极应对全球气候变化；强化水安全保障
建设多元平衡、安全高效的全面开放体系	着力发展开放型经济，提高现代化经济体系的国际竞争力	加快对外贸易优化升级；提升利用外资和对外投资水平；推进"一带一路"建设（截至发稿前，已变为"一带一路"倡议）；积极参与全球经济治理；积极承担国际责任和义务；深化内地和港澳、大陆和台湾地区的合作发展

续 表

建设现代化经济体系的 七个方面	建设现代化经济体系的 主要要求	国家"十三五"规划纲要中 对应的内容
建设充分发挥市场作用、更好发挥政府作用的经济体制	深化经济体制改革,创新完善宏观调控	加快财税、金融体制改革;创新和完善宏观调控

资料来源:笔者根据国家"十三五"规划纲要、2017年中央经济工作会议、《2018年政府工作报告》等内容整理。

5.3.2 建设现代化经济体系的政策思路

建设现代化经济体系的政策体系,是引领经济发展新常态、推动高质量发展的一揽子体制机制安排,是生产关系主动适应生产力发展需求的政策体现,反映了满足人民日益增长的美好生活需要的社会价值追求。

一是与国家和区域发展战略有效衔接。建设现代化经济体系既有新发展理念这个"灵魂"与中央一以贯之,也需要同地区经济发展特色与优势相衔接,通过高质量发展提升发展能级、变革发展方式、完善发展体系、提升发展品质。这就需要将现代化经济体系的建设任务与国家发展规划、地区发展战略有机结合、有效衔接。

二是保证政策体系的内部协同。现代化经济体系这盘大"棋"是在"五位一体"总体布局和"五大发展"重要理念两者"经纬交织"的"棋盘"上推进的;能否在政策协同中确保各方面政策的系统性、整体性和全局性,决定了建设现代化经济体系这盘大"棋"能否下得好、下得活。构建政策体系的重要原则,就是确保各项政策既各有侧重又相互依托,既厘清脉络又补强"短板",形成强有力的政策合力,避免政策碎片化、短期化。这就包括财政政策、金融政策和货币政策的协同,人口政策、教育政策和人才政策的协同,产业政策、城镇化政策和就业政策的协同,等等。

三是破解当前经济社会发展问题的针对性。近年来我国在现代化经济体系建设、向高质量发展的转轨过程中取得了令人瞩目的成就，但还有诸多需要进一步破解的体制机制问题：经济结构不优、动能接续不稳、质量效益不高、要素配置不均衡、营商环境有待改善等。这就需要政策体系发挥好建设现代化经济体系的"指挥棒"作用，在推动科技创新、发展先进制造业、发展现代服务业、推动乡村振兴和新经济发展等重点方面，有针对性地形成更有力、更精准的政策支持。

5.3.3 构建现代化经济体系的政策体系

整体来看，建设现代化经济体系的政策体系是一个立体多维的政策框架，具有"1＋5＋N"的结构特点。"1"是指为建设现代化经济体系、推进高质量发展的顶层设计和总体纲领性政策；"5"是指建设现代化经济体系的政策体系可按照创新发展、协调发展、绿色发展、开放发展和共享发展的维度划分为五个政策集，与现代化经济体系的发展目标相对应，形成现代化经济体系政策集的有机联系、协同发力；"N"是指政策体系中聚焦现代化经济体系具体工作的有关政策，主要与建设现代化经济体系各项任务相对应，这些政策起着将更高层级政策细化和具体化的作用，对建设现代化经济体系具有更强的操作意义。具体来看，建设现代化经济体系的政策体系主要包括以下内容。

- 现代化实体经济的发展政策

实体经济是现代化经济体系的坚实基础，建设创新引领、协同发展的产业体系。实施政策包括推动产业结构加快升级，产业整体向价值链高端攀升；提升产业集群优势；大力培育发展实体经济企业；提升企业经营效益与盈利能力；大力推动发展新经济；加快提供多元化智能场景供给；加快提高创投资本密度；加强金融支持实体经济力度。

- 现代化创新驱动发展政策

加快实施创新驱动发展战略，强化现代化经济体系的战略支撑。实施政策包括提高财政科技投入，优化投入结构；增强创新源头供给；提升企业创新能力与创新活力；加快科技成果转化，加强科技成果转化机制建设；扩大社会创新投入；壮大新经济领域人才规模。

- **现代化区域城乡协调发展政策**

优化现代化经济体系的空间布局，积极推动城乡区域协调发展。实施政策包括实施区域协调发展战略，优化产业功能区建设，加快特色小镇建设，大力促进城乡要素自由流动，振兴农村产业发展，大力培育和发展农村人才。

- **现代化开放发展政策**

着力发展开放型经济，提高现代化经济体系的国际竞争力。实施政策包括创造更有利的开放营商环境；打造更高端的开放发展平台；增强国家自主创新示范区功能，培育产业生态圈；拓展更通畅的开放战略通道，突破外资外贸外经外事的开放发展瓶颈；增强对外人文交往活力。

- **现代化生态环保政策**

现代化经济体系要求建设资源节约、环境友好的绿色发展体系，形成人与自然和谐发展现代化建设新格局。实施政策包括大力提高绿色经济发展水平，加快能耗总量控制和能源结构调整步伐，加快提升生活绿色化程度，提升绿色金融发展水平，加大"三治一增"力度，提升环境治理水平。

- **现代化收入分配政策**

现代化经济体系要体现效率、促进公平的收入分配格局，实现收入分配合理、社会公平正义、全体人民共同富裕，推进基本公共服务均等化，逐步缩小收入分配差距。实施政策包括增加优质教育资源供给，增加优质医疗资源供给，大力发展养老事业与产业发展，推进高质量就业创业，大力解决城市贫困人口问题。

第六章
新时代中国特色社会主义经济思想中的创新发展理论

　　四十多年前，邓小平在 1978 年 3 月 18 日的全国科学大会上提出科学技术是生产力，之后，中国的创新战略进入"科学技术是第一生产力"阶段，但依然处于对西方发达国家进行科技追赶的层面。"九五计划"实施"科教兴国战略"阶段，党中央已经认识到人才在社会创新、国家发展中的重要性，加快了对西方国家人才追赶的步伐。21 世纪伊始，党中央制定了《国家中长期科学和技术发展规划纲要（2006—2020 年）》，标志着中国进入"提高自主创新能力、建设创新型国家"的阶段，初步确立了创新追赶的发展战略；党的十八大报告提出实施创新驱动发展战略，中国进入加快内生性创新发展的轨道。2017 年 10 月，党的十九大隆重召开，习近平总书记在大会上作了题为《决胜全面建成小康社会 夺取新时代中国特色社会主义伟大胜利》的重要报告，提出了"加快建设创新型国家"的要求。

　　从"科学技术是第一生产力"到"科教兴国战略"，从"创新型国家"到"创新驱动发展"，从党的十八届五中全会明确把"创新发展"摆在国家发展全局的核心地位，再到党的十九大"加快建设创新型国家"，这不仅是党中央对经济规律的主动认识，更意味着中国进入了全面创新时代、全民创新时代，标志着中国发展阶段的大转变已经到来。

　　这是怎样的一个新时代？面向未来，党的十九大报告首次明确提出，我们党领导全国人民奋力实现中华民族伟大复兴中国梦的伟大事业开启了新时代，中国特色社会主义建设面对了新的历史定位："近代以来久经磨难的中华民族迎来了从站起来、富起来到强起来的伟大飞跃。"

党的十九大报告进一步提出，从2020年到21世纪中叶全面实现社会主义现代化的"两步走"战略。可以说，中华人民共和国成立以来，中国特色社会主义的历史进程已经进入"下半场"：21世纪上半叶的前二十年（2000—2020年），是全面建成小康社会的持续高增长阶段，到2020年实现第一个百年奋斗目标；后三十年（2021—2050年）全面建成社会主义现代化强国，将实现中华民族的第二个百年奋斗目标。

回顾四十多年来的改革开放历程，中国特色社会主义事业经历了从开创建立（1978—1992年）到建设完善（1993—2011年），再到全面深化、全面创新（2012年至今）的阶段，中国特色社会主义新时代标志着中国将进入强国时代，走近世界舞台中心。从这个意义上说，新时代就是强国时代、创新时代，全面建成社会主义现代化强国就是中国的全面创新时代。

6.1 从后工业化时代到创新时代

进入21世纪以来，中国工业化加速，提前实现了党的十六大（2002年）提出的2020年基本实现工业化核心目标和主要指标。中国作为当今世界最大工业生产国，已经呈现出后工业化时代的明显特征，并带动世界进入了后工业化时代。在这一背景下，中国不是去工业化或放弃工业化，而应当创新新型工业化道路，成为世界制造强国，以创新驱动为主要途径，通过新型工业化与现代服务业融合发展，推动我国经济向形态更高级、分工更优化、结构更合理的阶段演化，顺利跨越中等收入陷阱，迈向高收入国家行列。

6.1.1 中国提前实现2020年基本实现工业化目标

工业化一般是指传统的农业社会向现代化工业社会转变的过程。工业化是现代化的基础和前提，高度发达的工业社会是现代化的重要标志。

中国曾是世界性工业化浪潮的后来者、落伍者，直到1949年之后才大规模地推动工业化，成为工业化的追赶者。现在中国已经建立了世界上门类齐全、初具现代化规模的工业体系，成为世界最大的工业国。2014年中国制造业增加值占世界总量比重达到23.7%，高技术产品增加值占世界总量比重的27.1%，仅次于美国（28.7%），高技术产品出口额占世界比重的24.0%，是世界工业化快速赶超美国、德国、日本等先行工业化国家的成功案例。

进入21世纪，中国工业化加速，工业增加值年均增长率达到10.2%，到2015年前后提前实现了基本实现工业化核心目标和主要指标[①]：一是2015年，按2000年不变价格计算，我国GDP达到39.46万亿元，相当于2000年的3.955倍，年平均增长率9.6%[②]；二是我国人均国内生产总值达到7925美元[③]；三是城镇化率达到56.10%；四是农业从业就业比重下降至28.3%，第二产业比重降至29.3%[④]；五是最终消费支出达到5.34万亿美元（2010年美元价格），占世界总量的10.0%，居美国之后，中国成为世界第二大消费市场[⑤]。

从国际比较看，中国迅速从世界第三大制造业国家成为世界第一大制造业国家。根据世界银行提供的数据，2000年中国制造业增加值（按2010年美元价格计算）为6570亿美元，占世界总量比重为7.8%，处于世界第三位，排在美国、日本之后，高于德国；2005年中国成为世界第二大制造业国家，

[①] 2002年党的十六大报告明确提出2020年目标是"基本实现工业化"。国家计委提出了四个量化指标：2000—2020年国内生产总值年均增长达到7.2%左右；2020年我国人均国内生产总值达到3000美元以上；城镇化率超过50%；农业从业人员比重降到30%左右。

[②] 《中国统计摘要：2016》，中国统计出版社，2016年版。

[③] 计算数据来源为世界银行数据库，http://data.worldbank.org/indicator/NY.GDP.PCAP.CD，访问日期为2019年8月30日。

[④] 同[②]。

[⑤] 同[③]。

占世界总量比重为11.5%，超过了日本，居美国之后；2010年中国成为世界第一大制造业国，占世界总量比重为18.5%，超过美国（17.4%）；到2014年，中国制造业增加值达到了2.647万亿美元，与2000年比较约翻了两番，占世界总量比重的23.7%，相当于美国和德国的比重之和，年平均增长率为10.47%，大大高于世界平均增长率（2.04%）（见表6-1）。中国已成为世界制造业增长的第一发动机，2000—2014年，世界制造业增加值净增2.751万亿美元，同期中国增加了1.99万亿美元，中国对全球制造业增长的贡献率高达72.3%，而美国、日本、德国三国的贡献率合计只有23.4%。

表6-1 四大制造业国家增加值及占世界比重（2000—2014年）

国家	2000年 制造业增加值（万亿美元）	2000年 占世界比重（%）	2005年 制造业增加值（万亿美元）	2005年 占世界比重（%）	2010年 制造业增加值（万亿美元）	2010年 占世界比重（%）	2014年 制造业增加值（万亿美元）	2014年 占世界比重（%）	制造业增加值年均增长率（%）	占世界比重变化率（%）
世界	8.41	100	9.567	100	10.392	100	11.161	100	2.04	—
中国	0.657	7.8	1.102	11.5	1.924	18.5	2.647	23.7	10.47	15.9
美国	1.588	18.9	1.763	18.4	1.806	17.4	1.877	16.8	1.2	-2.1
德国	0.609	7.2	0.643	6.7	0.74	7.1	0.765	6.9	1.64	-0.3
日本	0.89	10.6	0.976	10.2	1.075	10.3	1.089	9.8	1.45	-0.8

注：制造业增加值根据2010年美元价格计算。
资料来源：中国数据根据世界银行数据估计；其他国家数据来自世界银行，http://data.worldbank.org/indicator/NV.IND.MANF.ZS。

6.1.2 中国经济已出现后工业化的基本特征

基本实现工业化目标的提前实现，是中国经济改革发展以来取得的巨大成就。几代中国人追求现代化的"富民强国"目标的实现，不仅令国人振奋，更令世界瞩目。但同时要看到，随着中国产能的扩大，特别是2001

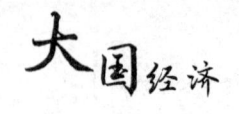

年加入世贸组织之后,中国从 2000 年世界第七大货物贸易出口国一跃成为世界最大的货物贸易出口国(2010 年)①,工业制成品出口需求飞速增长,进一步拉动国内传统工业生产能力的成倍扩张,促使中国在 2010 年成为世界第一制造业大国,占世界总量比重大幅度提高。这不仅使中国工业化迅速迎来了发展高峰,又不可避免地很快造成传统工业化的产能过剩。中国进入了后工业化的发展时代,中国经济发展从而呈现出以下重要的特征性变化。

- 工业增加值占 GDP 比重在 2006 年达到顶峰

峰值为 41.8%,而后有所下降,到 2011 年降至 39.6%,比 2006 年下降了 2.2 个百分点,平均每年下降 0.44 个百分点;而后持续一路下降,到 2015 年下降至 33.8%,比 2011 年下降了 5.8 个百分点,平均每年下降 1.45 个百分点(见表 6-2、图 6-1)。

表 6-2　　　　中国与不同收入国家工业增加值占 GDP 比重(1995—2015 年)　　　　(单位:%)

年份	中国	下中等收入国家	上中等收入国家	高收入国家	美国	世界
1995	40.7	16.7	39.1	28.4 (1997)	24.0 (1997)	33.6
2000	40.0	32.0	39.1	27.6	23.2	30.5
2001	39.4	30.9	38.1	26.7	22.1	29.6
2002	39.1	30.6	37.8	26.1	21.3	29.1
2003	40.1	30.8	38.5	26.0	21.4	29.2
2004	40.5	32.4	39.5	26.0	21.7	29.7
2005	41.4	33.1	40.3	26.3	22.0	30.0
2006	41.8	33.3	40.5	26.6	22.3	30.2
2007	41.1	33.1	39.9	26.6	22.2	30.0

① 中国的货物贸易出口量占世界总量的比重,从 2000 年的第七位(3.86%)上升至 2015 年的 13.8%。数据来源:胡鞍钢,《中国进入后工业化时代》,《北京交通大学学报(社会科学版)》,2017 年第 16 卷第 1 期。

续 表

年份	中国	下中等收入国家	上中等收入国家	高收入国家	美国	世界
2008	41.0	33.2	40.0	26.2	21.6	29.7
2009	39.3	31.9	37.9	24.6	20.2	28.0
2010	39.7	30.5	38.9	25.2	20.4	28.5
2011	39.6	32.9	39.1	25.3	20.6	28.8
2012	38.3	32.5	38.1	25.1	20.5	28.4
2013	36.9	31.8	36.8	24.9	20.6	27.9
2014	35.9	31.2	36.0	24.7	20.7	27.6
2015	33.8	—	34.3	—	—	—
2006—2014年变化量	5.9	2.1	4.5	1.9	1.6	2.6

资料来源：中国数据来自《中国统计摘要：2016》，第23页；其他国家数据来自世界银行网站，http://data.worldbank.org/indicator/NV.IND.TOTL.ZS。

图6-1 中国与上中等收入国家工业增加值占GDP比重（2000—2015年）

资料来源：中国数据来自《中国统计摘要：2016》，第23页；上中等收入国家数据来自世界银行网站，http://data.worldbank.org/indicator/NV.IND.TOTL.ZS。

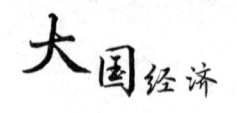

- **中国工业增加值增长率持续下降**

从 2010 年的 12.1% 到 2012 年的 7.9%，下降了 4.2 个百分点，并且低于 10%；再到 2015 年下降为 5.9%，2019 年上半年，规模以上工业企业增加值增长率仅为 6.0%。这反映出中国工业化产生的边际收益在不断递减，产业发展进入高峰期之后的逐步衰退阶段。

- **中国主要工业产品产量达到高峰并呈下降趋势**

在 34 种主要工业产品产量中，我国有 19 个（占总数的 55.9%）主要工业产品产量达到高峰并下降[①]：其中，主要产品产量达到高峰年的情况是：2005 年 1 种，2006 年 1 种，2010 年 1 种，2011 年 1 种，2012 年 1 种，2013 年 6 种，2014 年最多，为 11 种[②]。可以说，中国传统工业产业在 2014 年之后基本上逐步进入下行通道。

- **中国 6 种传统工业产品产量已经全面跃居世界第一**

达到第一的年份分别为棉布 1978 年、煤炭和水泥 1990 年、化肥 2000 年、粗钢 2005 年、发电量 2010 年。6 种传统工业产品产量占世界总量的比重远远超过中国总人口占世界比重（19.2%）。其中，2015 年中国粗钢产量占世界比重为 49.38%，煤炭为 47.67%，水泥为 57.32%（见表 6-3），分别是中国总人口占世界比重的 2.57 倍、2.48 倍、2.99 倍，充分反映了中国生产能力过大的情况。即使放在全球市场来看，这也反映了中国生产能力严重过剩。

---

① 主要工业产品达到产量高峰的时间依次为：原煤（2012 年）、原盐（2010 年）、成品糖（2014 年）、卷烟（2014 年）、布（2013 年）、焦炭（2013 年）、烧碱（2014 年）、水泥（2014 年）、平板玻璃（2014 年）、生铁（2014 年）、粗钢（2014 年）、钢材（2014 年）、轿车（2014 年）、家用冰箱（2013 年）、房间空气调节器（2014 年）、程控交换器（2005 年）、传真机（2006 年）、微型计算机设备（2013 年）、火力发电（2014 年）、啤酒（2013 年）、金属切削机床（2011 年）、家用洗衣机（2013 年）。数据来源为《中国统计摘要：2016》，中国统计出版社，2016 年版；《中国统计年鉴：2015》，中国统计出版社，2015 年版。

② 《中国统计摘要：2016》，中国统计出版社，2016 年版。

表6-3　　中国主要工业产品产量占世界总产量比重

(1980—2015年)　　　　　　　　（单位:%）

	1980年	1990年	2000年	2005年	2010年	2015年	2005—2015年变化量
粗钢（a）	5.18	8.61	15.11	30.99	44.56	49.38	18.39
煤炭（b）	15.81	22.64	29.29	38.75	45.81	47.67	8.92
原油（c）	3.37	4.25	4.35	4.45	4.90	4.70	0.25
发电量（d）	—	5.24	8.80	13.62	19.57	24.11	10.49
水泥（e）	—	—	36.45	45.05	56.80	57.32	12.27
化肥（f）	—	—	—	24.31	27.91	28.65（2013年）	4.34（2000—2013年）

资料来源：a为世界钢铁协会，b为英国石油公司，c为英国石油公司，d为英国石油公司，e为美国地质调查局，f为联合国粮农组织。

● **中国工业生产者出厂价格指数持续下降**

从2012年至2015年，工业生产者出厂价格指数累计已下降10.3个百分点。其中采掘工业生产者出厂价格指数累计下降30.9个百分点，原材料工业生产者出厂价格指数累计下降16.6个百分点，加工工业生产者出厂价格指数累计下降10.4个百分点（见表6-4）。在38个工业行业中工业生产者出厂价格指数下降情况：2011年有2个；2012年有20个；2013年有24个；2014年有25个；2015年有32个，占总数（38）比重为84.2%。这意味着我国绝大多数工业行业生产能力过剩，突出表现为持续4年左右的工业生产者出厂价格指数下降。

表6-4　　中国工业生产者出厂价格指数（2011—2015年）　　（上年=100）

	2011年	2012年	2013年	2014年	2015年	2012—2015年累计下降
工业生产者出厂价格指数	106	98.3	98.1	98.1	94.8	3.5
生产资料	106.6	97.5	97.4	97.5	93.3	4.2
采掘工业	115.4	97.6	94.3	93.5	80.3	17.3
原材料工业	109.2	98.0	96.9	97.0	90.5	7.5
加工工业	104.6	97.3	98.0	98.2	95.7	1.6

资料来源：《中国统计摘要：2016》，中国统计出版社，2016年版。

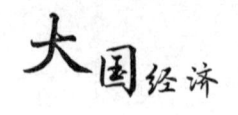

- **部分工业制成品出口量呈下降趋势**

2014年我国工业制成品出口总额达到高峰,为2.23万亿美元,2015年下降至2.17万亿美元,减少了2.7%[①],其中,许多工业制成品出口数量和金额呈现"双下降"或"单下降"的趋势。

- **工业用水、用电、用能、用材等呈下降趋势**

2010年全国工业用水量就达到高峰,为1447亿吨,到2015年为1380亿吨,比2010年减少了4.6%[②]。2015年全国工业用电总量下降了1.4%,其中重工业用电量下降了1.9%,由于工业用电占全国用电总量比重达到72.4%[③],全国发电量下降了0.2%,为1968年以来首次下降。2010年工业能源消费占全国能源消费总量的72.5%,到2014年下降为69.6%,下降了2.9个百分点[④]。

- **以工业产品为主的全社会交通货运量持续下降**

全社会货运量指标直接反映着工业产品的运输总量,这体现了实体经济特别是工业经济的发展状况。近年来,全社会货物运输量在2013年略有下降(0.04%),2014年达到高峰,2015年下降了4.9%;铁路货运量在2013年达到高峰,2015年已经比2013年下降15.4%;公路货运量在2014年达到高峰,2015年下降了5.5%(见图6-2);远洋货运量也是在2014年达到高峰,2015年下降了0.6%;管道运输量同样在2014年达到高峰,2015年下降了3.6%。虽然还无法判断今后是周期性下降还是结构性下降,但总体来看,全社会货物运输量不会再出现2000—2012年高增长(年平均增长率9.6%)的情形,更大的可能是零增长或负增长,也间接反映了中国进入后工业化时代的事实。

- **工业就业人数自2013年达到顶峰之后开始下降**

2012年全国第二产业就业人数达到高峰,为23226万人,占全国就业比重达到高峰,为30.5%。2015年这一数字下降至22644万人,比2012年减少

---

① 《中国统计摘要：2016》,中国统计出版社,2016年版。
② 同①。
③ 同①。
④ 同①。

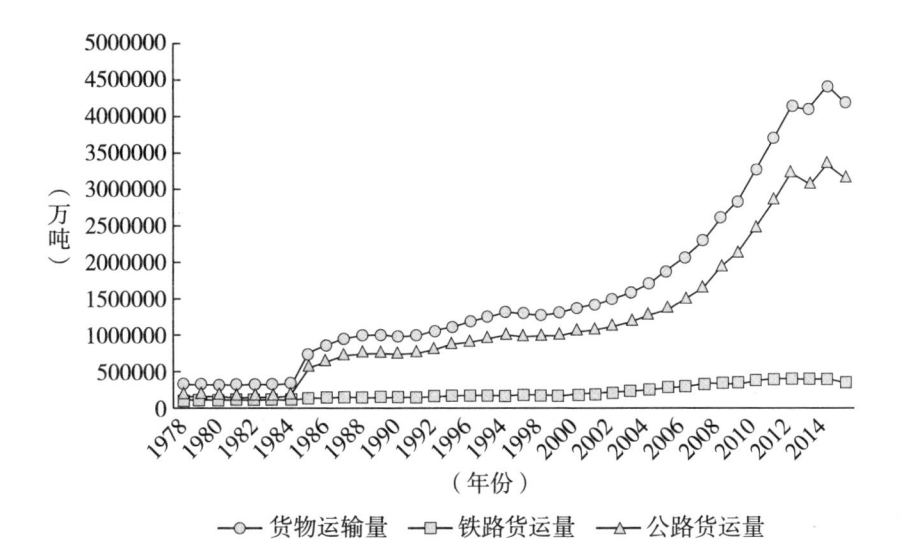

图 6-2　中国货运量情况（1978—2015 年）

资料来源：《中国统计摘要：2016》，中国统计出版社，2016 年版。

了 582 万人，占全国就业比重降至 29.6%。2013 年全国城镇就业人员数量分布为采矿业 636 万人，制造业 5258 万人，电力、热力、燃气及水生产和供应业 405 万人，工业合计 6299 万人。这些数据在 2015 年分别下降为采矿业 546 万人，制造业 5069 万人，电力、热力、燃气及水生产和供应业 396 万人，工业合计为 6011 万人，比 2013 年共减少 288 万人[1]。虽不排除非单位就业人数，即城镇私营企业和个体就业人数有所增长，但是工业就业人数已达到高峰并开始逐年下降。

- **中国已经跨入人均 GDP1 万美元的后工业发展阶段**

从国际经验来看，中国与工业化先行国家的发展路径基本相同，但类型有所区别。几个发达国家的实证数据表明，大约在人均 GDP 达到 1 万国际美元（1990 年价格）后，会出现工业增加值占 GDP 比重的峰值，大约在 40% 以上，转而持续下降。如美国在 1953 年（工业增加值占 GDP 比重为 33%），英国在 1960 年，法国、德国、日本在 1970 年，而后是西班牙（1975 年）、意大利（1976 年）和韩国（1992 年）。

---

[1] 国家数据，《年度数据》，https：//data.stats.gov.cn/easyquery.htm? cn = C01。

与上述发达国家截然不同，中国的工业增加值占GDP比重长期保持在40%左右的高峰平台上，从1975年（41.3%）到2008年（41.0%）长达三十多年时间，表现出产业结构长期过重的增长模式。但它们相同的是，中国在人均GDP达到1万国际美元左右后同样发生了结构性的转变。

值得注意的是，中国工业增加值占GDP比重下降比发达国家晚得多，但下降幅度过快。这说明中国完成工业化的进度远远落后于发达国家，但比它们更快地进入了后工业化发展时期。"十二五"时期，我国工业增加值占GDP比重明显下降，下降达到5.9个百分点，预计到2020年工业增加值占GDP比重会降至30%以下。这就有可能出现三种趋势：一是缓慢下降，如美国、德国；二是快速下降，如日本，呈现断崖式下降；三是介于两者之间。中国这一比重下降趋势相当明显，即峰值年份（2006年）之后的第九年（2015年）已经下降了8个百分点（见表6-5），平均每年下降0.89个百分点，属于第二种类型。

表6-5　　各国工业增加值占GDP比重高峰年的国际比较

国家	峰值年份	人均GDP（按1990年国际美元计算）	工业增加值占GDP比重（%）	服务业增加值占GDP比重（%）
美国	1953	10613	33	60
英国	1960	8645	49	44
法国	1970	11410	41	48
德国	1970	10839	47	48
日本	1970	9714	42	51
西班牙	1975	8346	46	42
意大利	1976	11308	46	45
韩国	1992	9877	44	47
中国	2006	6048	41.8	41.9
中国	2015	12274	33.8	50.5
中国	2020	16580	<30	56.0

注：2020年中国实际数据约为人均GDP 10504美元（2020年美元现价），工业增加值占GDP比重37.8%，服务业增加值占GDP比重54.5%。来源为《中华人民共和国2020年国民经济和社会发展统计公报》，2021年2月28日发布，http://www.stats.gov.cn/tjsj/zxfb/202102/t20210227_1814154.html。

资料来源：Maddison数据库、GGDC数据库以及国际货币基金组织数据库。中国2006—2015年数据来源为《中国统计摘要：2016》，中国统计出版社，2016年版。中国2020年数据系笔者估算。

6.2 创新发展：从后工业化时代到创新时代

可以说，无论从国内发展趋势，还是从国际比较经验来看，中国已经步入后工业化时代。面对后工业化时代的到来，需要防止片面追求"去产能"的倾向，掩盖传统工业内在发展动力不足的问题。庞大传统工业"去产能"不能急于求成，特别要防止工业增加值占 GDP 比重断崖式下降以及大量裁减工业部门就业岗位。因此，当前的关键问题是如何使中国实现向后工业化时代转变的"软着陆"，特别是避免中国工业增加值占 GDP 比重快速下降或大幅度下降。这就必须回答好两个问题。第一，如何继续保持第二产业对中国经济发展的重要推动作用？第二，中国工业化发展的未来方向和目标是什么，接续力量又在哪里？

6.2.1 后工业化的未来：新型工业化与创新驱动

任何一个产业都会经过起步期、初步成长期、迅速成长期、高峰期、下降期、衰落期，发达国家也必然经历过产业的高峰期，之后则出现结构性的产业变化，进而发展进入高收入阶段。钱纳里的工业化阶段理论提出，经济体从不发达经济到成熟工业经济要经历三个时期六个阶段，即初期产业，包括第一阶段的不发达工业阶段、第二阶段的工业化初期阶段；中期产业，包括第三阶段的工业化中期阶段和第四阶段的工业化后期阶段；后期产业，包括第五阶段的后工业化阶段和第六阶段的现代化阶段。从一个发展阶段向更高一个阶段的跃进都是通过产业结构转化来推动的。

现代经济发展的一般规律表明，一个国家或地区在不同的发展阶段，会有不同的发展驱动力。总体来说，在低收入阶段基本上是初级要素驱动，如土地、资源、能源、劳动力等；在中等收入阶段基本上是资本要素驱动，国内储蓄率、投资率以及投资规模至关重要；到较高收入阶段基本上是技术要素驱动，这通常与大规模技术引进有关；而到了更高收入水平阶段则必须依靠创新驱动。

因此，中国下一步的发展方向非常清楚，就是要从上中等收入国家进入高收入国家，不断提高服务业增加值占 GDP 比重，反过来讲，就要进一步降低传统工业或制造业增加值占 GDP 比重，且要达到世界平均水平。这就意味着，中国后工业化发展的下一阶段目标非常明确，一个是实现后工业化向新型工业化的转变，另一个是通过创新驱动，推动中国进入高收入阶段。

6.2.2　中国制造 2025：中国的新型工业化时代

早在 2002 年，党中央就已经前瞻性地提出要走中国特色的新型工业化道路。那么，什么是新型工业化的具体内涵呢？党的十六大报告中明确将该条道路定位为以信息化带动工业化，以工业化促进信息化，走出一条科技含量高、经济效益好、资源消耗低、环境污染少、人力资源优势得到充分发挥的新型工业化路子。这可以被称为中国 21 世纪新型工业化的 1.0 版，已经大大不同于 20 世纪上半叶传统工业化模式。

超出党的十六大报告的预期，中国提前实现了 2020 年基本工业化目标和主要指标，已经进入后工业化时代，但是还没有完成从传统工业化向新型工业化的根本转变。制造业是工业的中心，既是国家工业化、城镇化、现代化建设的发动机，也是国民经济的核心主体，还是中国技术创新与国际竞争力的基础。因此，对中国而言，当前及长远的核心问题，不是要不要继续工业化，而是要怎样成为世界新型工业化国家，成为世界制造业强国。

为此，党中央国务院在 2015 年与时俱进地提出了《中国制造 2025》这一行动纲领，可以称其为中国 21 世纪新型工业化的 2.0 版本，它点出了当前中国工业化突出性问题：与世界先进水平相比，我国制造业仍然大而不强，在自主创新能力、资源利用效率、产业结构水平、信息化程度、质量效益等方面差距明显，转型升级和跨越发展的任务紧迫而艰巨；我国制造业面临发达国家和其他发展中国家"双向挤压"的严峻挑战。因此，打造具有国际竞争力的制造业,是我国提升综合国力、保障国家安全、建设世界强国的必由之路。

《中国制造2025》已经给出了中国未来工业化发展的战略性目标和路线图,即中国21世纪新型工业化的2.0版本,而实现这一宏伟蓝图的关键在于如何落实。因此,对中国而言,进入后工业化时代并不意味着去工业化或放弃工业化,而是意味着应当加快转型迈向新型工业化道路,成为世界制造强国。推动我国制造业与信息化、互联网化、数字化深度融合,向质量增长、中高端增长、国内外制造为主增长转变。通过新型工业化与现代服务业融合发展,推动我国经济向形态更高级、分工更优化、结构更合理的阶段演化。

6.2.3 创新发展:跨越中等收入陷阱

对于后工业化时代来说,既要客观地看到它是一个国家产业化、工业化、现代化发展到一定时期的必然过程,也要清楚地认识到,能否从资本要素驱动转变为技术要素驱动,再实现创新驱动发展,不仅意味经济体能否实现新型工业化道路,更决定着能否从中等收入跨入较高收入阶段,再向高收入突破。

但实际上,从世界范围来看,很少有中等收入的经济体成功地跻身为高收入国家,这些国家往往陷入了经济增长的停滞期,既无法在工资方面与低收入国家竞争,又无法在尖端技术研制方面与高收入国家竞争[①]。世界银行2012年发布的《避免中等收入增长陷阱》的报告提出,1960年到2008年,在1960年被认为处于中等收入的101个国家和地区中,只有13个国家和地区成功跨越"中等收入陷阱"[②]。这表明,能够真正完成从中等收入跨越进入高收入阶段是小概率事件。通过更仔细的分析可以看到,其中的12个国家或地

---

① 2007年,世界银行发表了题为《东亚复兴:关于经济增长的观点》(*An East Asian Renaissance: Ideas for Economic Growth*)的报告,谈到东亚很快将成为中等收入地区,并提出了"中等收入陷阱"(Middle-Income Trap)这个概念。

② 包括日本、亚洲四小龙和以色列6个亚洲国家和地区,以及西班牙、葡萄牙、希腊和爱尔兰4个欧洲国家,赤道几内亚和毛里求斯两个非洲国家,以及波多黎各。

区，都是人口不足千万的人口小国。可以说，中等收入的跨越还从没有发生在像中国这样一个具有大国效应的国家身上。

中等收入跨越的根本力量在哪里呢？从决定收入水平的经济增长核算要素来看，经济增长率是要素投入增长（包括劳动力投入和资本投入）、人力资本增长和全要素生产率增长共同决定的结果。从中国和这些国家及地区的经济增长分解来看，全要素生产率的增长是1970年以来这些经济体保持较高经济增长率的重要原因。按照国际货币基金组织的估算，这期间中国的平均经济增长率和全要素生产率增长都是最高的，而前者增长有一半是全要素生产率增长贡献的，韩国也是如此。中国香港、中国台湾和新加坡的全要素生产率增长对经济增长率的贡献在三分之一以上。相比之下，印度的全要素生产率增长对经济增长的贡献较低。

拉美国家则与上述东亚国家和地区形成鲜明的对比。迄今为止，拉美国家中还没有从中等收入进入高收入的国家。其中，阿根廷从高收入国家下降到中等收入国家。而巴西、秘鲁和墨西哥则一直徘徊在中等收入国家的行列。图6-3是四个拉美国家在20世纪70年代和80年代的经济增长率和各个增长因素的贡献。从决定经济增长的各个贡献因素来看，四个国家均出现了全要素生产率的显著下滑。可以说，全要素生产率的下滑是这四个国家经济增长率下降的主要因素。

从以上对比可以发现，全要素生产率的长期性增长是经济增长率的关键，也是中等收入国家上升到高收入国家的主要驱动力。从公共政策角度来看，要实现跨越中等收入陷阱，应该明确哪些因素会导致增长路径陷入停滞甚至衰退。笔者认为这主要取决于几点因素：第一，是否实施了正确的创新驱动发展战略；第二，是否实施了正确的宏观经济管理；第三，是否具备了持续增长的基本能力（基础设施、人力资本等方面的）；第四，是否具备了持续的创新能力；第五，是否具备了应对外部冲击和风险的能力。从以上五点来看，中国完全具备跨越中等收入陷阱的条件，能够完成从中等收入阶段向高收入阶段的跨越，这也从理论上和国际比较的事实中说明了创新驱动发展战略对

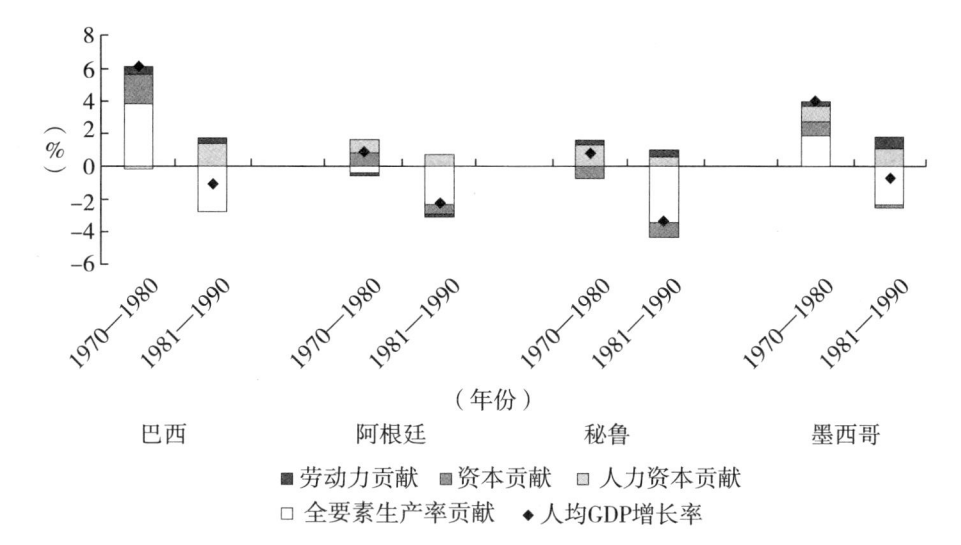

图6-3 四个拉美国家的增长构成核算

资料来源：AIYAR S, DUVAL R, PUY D, et al. *Growth slowdowns and the middle-income trap*, IMF Working Paper, 2013.

发展中国家的重要意义。

6.3 从要素驱动向创新驱动发展的国际经验

理论证据和国际经验都表明，一个经济体的发展既是一个不断现代化、工业化的过程，又是一个发展方式不断转变的过程，大体经历以下三个阶段（见表6-6）。

表6-6　　　　　　　　经济体的经济发展阶段及其表现

经济发展阶段	人均收入水平	工业化程度	经济发展模式	经济发展动力
经济起飞阶段	低收入	不发达工业化（起步期）	传统经济发展模式	初级要素驱动（土地、资源、能源、劳动力等）
	下中等收入	工业化初期（起步期）		

续　表

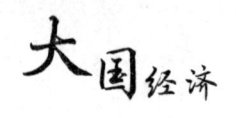

经济发展阶段	人均收入水平	工业化程度	经济发展模式	经济发展动力
经济转型阶段	中等收入	工业化中期（初步成长期）	转型经济发展模式	资本要素驱动
	中高等收入	工业化后期（迅速成长期、高峰期）		技术要素驱动
高收入或发达经济体	高收入	现代化社会	现代经济发展模式	创新驱动

　　第一阶段是经济起飞阶段，也是从低收入到下中等收入阶段和工业发展的起步期，总体上是传统经济发展模式，表现为要素高投入、空间低集聚、贸易低附加值、自然资源高消耗与环境高污染。

　　第二阶段是经济转型阶段，这一阶段为从中等收入到中高等收入阶段，也是工业发展的初步成长期和迅速成长期、高峰期，经济发展主要依靠资本要素驱动和技术要素驱动。这时有三种可能性：如果转型成功，工业化在高峰期之后实现产业结构向服务业的转变，则经济保持持续增长或经济飞跃，进入中高等收入；如果转型不成功，则停滞在原有的水平上；如果转型失败则可能中断经济起飞，落入中等收入陷阱，经济潜在增长率大幅度下降，并持续低迷。因此，这一时期既是转型阵痛期，也是矛盾凸显期。中等收入陷阱理论模型如图 6-4 所示。

　　第三阶段的发展取决于第二阶段转型结果。如果第二阶段转型成功，则进一步向高收入阶段或发达经济体过渡，经济结构进入服务业为主导的发展模式，发展动力主要来自创新驱动。生产要素空间高度集聚，贸易高附加值、人与自然和谐发展、社会和谐。如果第二阶段转型失败，则继续在中等收入阶段徘徊，落入中等收入陷阱，经济增长的停滞也将激化矛盾，甚至导致政治不稳定加剧，使得国家发展落入恶性循环而难以摆脱。

第六章 新时代中国特色社会主义经济思想中的创新发展理论

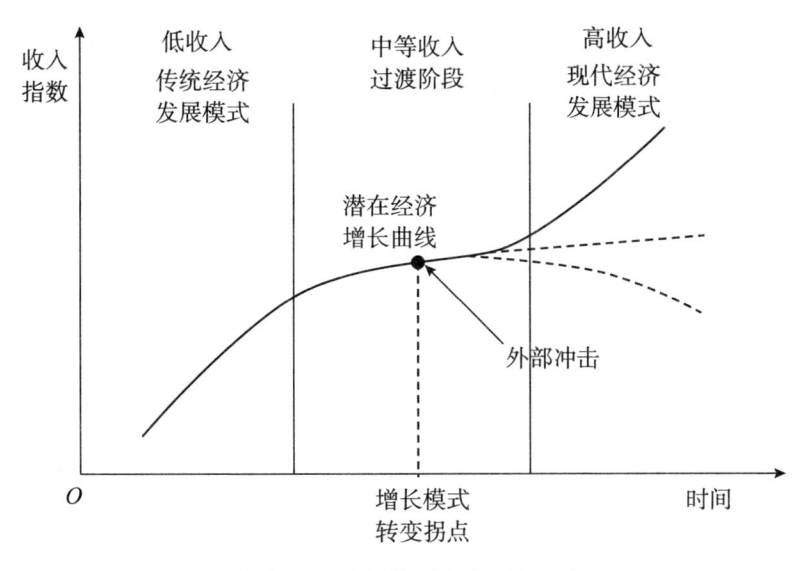

图 6-4 中等收入陷阱理论模型

更为重要的是，要实现顺利跨越中等收入陷阱，中国必须主动抓住国内外发展机遇，顺势而为、趁势而上，缩短后工业化的产业衰退期，推动产业结构的转换，尽快推动产业整体升级和产业结构向高收入阶段发展，加快实施创新驱动战略，实现发展方式从资本、技术要素驱动向创新驱动转变。

总体来说，由后工业化时代向创新发展时代的转换、顺利逾越中等收入阶段，中国的有利条件包括以下几个方面：首先，中国具有独立自主的国家决策能力；其次，党中央和国务院领导人有强烈的危机意识和忧患意识，高度重视在中等收入阶段所遇到的新问题、新矛盾、新挑战；最后，中国有集中力量办大事的社会主义制度优势[①]。

未来中国将奋力迈向高收入阶段。按照世界银行划分发展阶段的收入标准，我国先后经历了极低收入阶段（1949—1978 年）、低收入阶段（1978—2000 年）、中低收入阶段（2000—2010 年），即将跨越中高收入阶段（2010—

---

① 胡鞍钢，《"十二五"：如何跨越中等收入陷阱》，经济参考网，2011 年 7 月 1 日。

2025 年），进入高收入阶段（2025 年之后），到 2035 年达到中等发达国家水平阶段。从经济发展水平来看，预计 2020—2035 年，我国中长期经济增速为 5% 左右，全员劳动生产率、居民收入与经济增速同步增长；到 2035 年，我国 GDP 总量将比 2020 年翻一番，按 2020 年不变价格，从 2020 年的 101.6 万亿元上升至 200 万亿元以上，人均国内生产总值也翻一番，从 7.2 万元达到 14 万元以上，按购买力平价 2017 年国际元计算，从 1.64 万国际元达到 3.28 万国际元，达到中等发达国家水平[①]。

6.4 新时代中国特色社会主义经济思想的创新发展理论与实践

中国是世界超级人口大国，全世界总人口规模超过 10 亿人的只有中国和印度两个国家；同时又是世界经济大国，在世界上 GDP 总量规模超过 10 万亿美元的经济体只有三个，即欧盟、美国和中国[②]，这些重要国情特征决定着中国经济发展的道路和特点。

从经济发展的阶段性特征来看，中国正进入从高增速向中高增速变化、从供需两侧矛盾向结构优化转变、从要素资本驱动向创新驱动转换的经济发展新常态。只有坚持创新发展，才能为破解经济社会发展难题提供新思路，为经济社会发展提供新动力，跨越中等收入陷阱、引领经济新常态，实现我国经济由大到强的历史性转变。

从经济发展的外部特征来看，开放与竞争是当今世界发展的大趋势、大潮流。新一轮科技革命和产业变革正在孕育兴起，以创新为核心的综合国力竞争成了重塑世界经济格局的主导力量，世界主要国家纷纷推出新的国家创

[①] 胡鞍钢、周绍杰，《2035 中国：迈向共同富裕》，《工业大学学报（社会科学版）》，2022 年 22 卷 1 期。

[②] 按汇率法，2015 年欧盟经济总量为 16.45 万亿美元，美国为 18.12 万亿美元，中国为 11.21 万亿美元；按购买力平价法，2015 年欧盟为 19.04 万亿美元，美国为 18.12 万亿美元，中国为 18.98 万亿美元。

新战略，寻找科技创新的突破口，率先布局、抢占未来经济科技发展的先机。只有坚持创新发展，塑造更多依靠创新驱动、发挥更多先发优势的引领型发展，中国才能在这次科技创新的竞技场中奋起直追、迎头赶上、力争超越，实现从科技大国向科技强国的迈进。

由此可见，把创新发展作为引领经济发展新常态的核心与关键，不仅是中国共产党发展观的最新体现，丰富了中国特色社会主义发展观的新内涵，还是党中央对治国理政的最佳实践总结，是党中央执政兴国思路的拓展和升华，这将对我国未来经济社会各领域、各环节的改革和发展产生重大深远影响，引发广泛深刻变革。创新发展对于实现中华民族伟大复兴的百年梦想，具有重大现实意义和深远历史意义。

6.4.1 中国创新发展的思想来源

• 创新发展来自源远流长的中华文化

创新发展根植于几千年中华文明的哲学思想，流淌在中华民族的文化血脉之中。创新发展的思想是集古今中外的创新理论之大成。"苟日新，日日新，又日新"，《礼记·大学》从动态的角度强调了创新的必要性和持续性，提醒人们必须时刻保持革新的姿态，方能适应并推动社会的进步；北宋理学的奠基人程颢、程颐更是从反面阐述了持续创新的重要性，"君子之学必日新，日新者日进也。不日新者必日退，未有不进而不退者"。

中华文明中的创新理念、人文精神，不仅体现在"周虽旧邦，其命维新""世异则事异，事异则备变"这样的名言之上，更体现在"穷则变，变则通，通则久"等早已深入人心的民智之中。这种无比深厚的文化底蕴，既能助我们在全面深化改革中鉴往知来、攻坚克难，更能为我们在为政用权中增添信念的支柱，让我们想问题、办事情更有底气、更有信心。

• 创新发展来自对西方传统创新理论的借鉴和超越

西方创新理论以熊彼特的思想为代表。按照他的观点，创新是革命性变化，同时意味着对原有产品、原有技术、原有生产方式的"毁灭"。熊彼特认为，创新的主体是企业家，企业家的职能就是实现创新、引进"新组合"，这被看作资本主义发展的"灵魂"。经济发展就是在企业家的创新精神的引导下，整个资本主义社会不断实现这种"新组合"的过程。

熊彼特将创新具体分为五类：①引进新产品；②引用新技术，即新的生产方法；③开辟新市场；④控制原材料的新供应来源；⑤实现企业的新组织。因此，他把创新看作一个经济体发展的内生动力，认为创新是一个"内在的因素"，经济发展也是来自内部自身创造性的关于经济生活的一种变动。从这个意义上说，经济发展就来自资本主义经济中创新活动的内生性，这使得整个宏观经济理论重焕生机，也为政府的宏观调控开辟了新的天地。

- 马克思主义是当代中国创新发展最重要的理论基石

马克思主义政治经济学的根本立场是人的全面发展，强调人类实践要自觉认识和尊重经济发展规律、社会发展规律、自然发展规律，社会发展的根本动力在于生产力的发展。中国创新发展的核心理念正是在这个理论基石上逐步建立完善起来的。

马克思曾明确指出，"社会的劳动生产力，首先是科学的力量"。对于怎样发展科学力量、推动生产力的发展，毛泽东更是旗帜鲜明地反对爬行主义，开创性地提出实现科技跨越式发展的思想。他说："我们不能走世界各国技术发展的老路，跟在别人后面一步一步地爬行。我们必须打破常规，尽量采用先进技术，在一个不太长的历史时期内，把我国建设成为一个社会主义的现代化的强国。"这一创新发展观念，为集中全国科技力量、利用后发优势和社会主义优越性，实现重大科技工程的跨越式发展奠定了思想基础。

改革开放后，党中央更是不断提出创新发展的新理念、新观点。从邓小平提出的"科学技术是生产力"，到"科学技术是第一生产力"，再到江泽民提出的"创新是一个民族进步的灵魂，是国家兴旺发达的不竭动力"；从胡锦涛提出"走中国特色自主创新道路"，再到习近平总书记提出实施"创新驱动发展"战略，上述创新发展思想的演变与延续，正是中国共产党牢牢把握马克思主义政治经济学的分析方法和基本理论，对中国特色社会主义发展观的丰富与发展,是党中央在推动经济发展中感性认识的升华,是党中央在指导改革实践中规律性的总结,是党中央适应新形势、认识新问题,提炼和总结中国发展观的重要理论成果。

6.4.2 中国创新发展的内涵和要求

就中国的改革实践而言,笔者将创新界定为"创造新的社会价值的(各类)活动"。这里有三个要点:一是能够创造新的价值,而不是已有的价值;二是所创造的价值主要是社会价值,具有正外部性;三是与创新有关的各种活动,不仅仅是技术创新本身,还包括与之相关的创新资金的融资和投入、新技术的研究和开发、技术创新知识产权的有效保护、技术创新的示范应用和推广等。

以往西方的创新概念以熊彼特思想为代表,强调经济价值的实现,忽视了社会整体价值的创造;强调科学技术的作用,忽略了体制机制的功能;强调企业家的作用,忽视了人民大众的贡献;突出市场的资源配置功能,没有考虑到国家的规划引领作用。党的十八届五中全会所明确提出的创新发展,恰恰在这几点上赋予了创新更加深刻、更为丰富的内涵,中国的全面创新因而将超越传统的创新逻辑,成为一场深刻的变革。

- **创新发展是社会价值的全面创新**

按照熊彼特的定义,所谓创新就是建立起一种新的生产函数,是新的生产组合实现新的经济价值的过程。而创新发展中,凡是能创造新增社会价值的活动,都应当成为社会创新的一部分。这就包括企业家创造经济价值、科学家创造科学价值、工程师创造技术价值、教师创造人力资本价值、环保组织创造生态价值、还包括思想家、艺术家、文学家等所创造的长存历史的思想、艺术、文化价值,更包括政治家创造的政治价值。

更重要的是,创新发展一旦作为国家的驱动力和核心战略,它所带来的就不仅是物质生产力,还能直接转化为科技生产力、文化生产力、教育生产力、知识生产力、生态生产力。因此,从这个意义上讲,创新发展的范围,由科学技术领域的创新和经济学范畴中的创新,扩展到以科技创新为核心的理论创新、制度创新、文化创新等在内的全面创新,贯穿国家经济社会发展的各个方面。这就不仅超越了熊彼特的创新,还超越了资本主义的全部创新活动。从这一点上说,中国的创新发展必然优于资本主义的创新。

● **创新发展是多种创新机制的集成**

中国的创新发展是从一个极低的历史起点下,通过自主创新的"科技追赶"之路,综合发挥各种机制实现集成创新的过程。这个过程揭示了一个重要的创新规律,就是作为一个现代化后进国,虽然与先进国家存在巨大的科技差距,但它具有明显的后发优势和规模优势,可以通过几种而不是一种创新机制的发挥,大大缩短对科技先进国的追赶时间。

这包括引进科技机制、科技再创新机制(包括引进创新、模仿创新、集成创新)和自主科技创新机制。另外,中国这样具有十几亿人口的大国,还有一个更为特殊的优势,即超大规模市场创新及世界市场创新机制[①]。这种综合而非单一创新机制的发挥,成为中国实现"技术追赶""信息追赶""知识追赶""经济追赶"的主要途径。

● **以人为本、以人民为本是创新发展的出发点、落脚点和核心点**

从出发点上说,创新发展的根本动力来自人民的创新,它不同于专家学者、科学家、工程师等少数人的创新,是实实在在的全民创新。在创新发展的理念下,每个创新者不仅是创新活动的主体,还是创新活动、创新理念的受益者、传播者和分享者。亿万个创新者、创业者每时每刻、每日每月的微创新,必将汇聚成思想、知识、技术的不断集聚,引爆社会创新指数级增长,最终成为世界上最大规模的创新。

从落脚点上说,创新发展的根本目的在于激发人民的活力,这是中国加

[①] 即任何一类技术创新,享有巨大市场规模效应,不仅极大地降低了技术创新的经济成本,还极大地降低了技术创新扩散和应用的交易成本,特别是那些投入极大的重大工程技术、国防科学技术。同时,可以通过对外出口、对外投资,转移技术或研发技术,开拓海外市场,即获得世界市场规模效应优势。

速实现创新引领、创新驱动的重要条件。同时，自上而下的国家创新、制度创新更好地保护了创新、激励了创新。例如，中国仅用了30多年的时间，就走过了美国专利制度200多年的发展历程，更是超越美国成为世界第一大专利申请国和授予国，从而大大缩短了对科技发达国家的追赶时间[1]。

从核心点上说，社会主义现代化本质是人的现代化，创新发展的归宿是全体人民的发展，是充分利用社会主义的制度优势、政治优势，对十几亿人民进行持续的人力资本投资，创造人的发展机会、提高人的发展能力。

总体来说，推动创新发展，就是要形成促进创新的体制架构，塑造更多依靠创新驱动，更多发挥先发优势的引领性发展。这就需要遵循科技创新规律、经济创新规律和制度创新规律。

遵循科技创新规律，就是要从原始创新、集成创新和引进消化吸收再创新，更多地向协同创新转变[2]。这是由未来国内经济一体化，区域（指亚洲尤其是东亚地区）经济一体化和贸易自由化，以及第四次全球化潮流（经济一体化、贸易自由化、投资自由化、服务业便利化）决定的。中国是第一次全球化（1870年到1914年）的受害者，第二次全球化（1950年到1990年）的边缘者、落后者，从1990年第三次全球化起不断追赶，现在已经在第四次全球化浪潮中走到了世界舞台的中心。只有扩大对外开放，加强协同创新，才能把握世界科技发展的前沿，才能最终引领发展。

从经济创新规律来看，30多年来，中国在世界上的经济排名从1978年的第十位、2000年的第六位一路急升到2012年的第二位，中国经济已经由量

---

[1] 中国已经成为世界最大的发明专利申请国和授权国，截至2013年，中国发明专利申请数已经达到了170.49万件，相当于美国的2.45倍；中国国内发明专利授权数已经达到了14.35万件，相当于美国的1.07倍。数据来源：世界知识产权组织WIPO，https://www3.wipo.int/ipstats/IpsStatsResultvalue，访问日期为2019年8月30日。

[2] 中国在2006年制定了《国家中长期科学和技术发展规划纲要（2006—2020年）》，就明确提出中国的自主创新包括三个含义，第一是原始创新，第二是集成创新，第三是引进消化吸收再创新。协同创新是指多个企业或企业与大学、科研机构或其他机构的合作创新，共同分享创新成果，还包括金融机构、产业机构之间的协同创新，跨区域的协同创新，以及国际协同创新。

(规模)变发展到质(阶段)变,决定经济增长的主要矛盾随之变化,经济发展呈现出明显的阶段特征。这反映了发展经济学的一个基本原理,即经济创新的阶段理论。

从世界经济史来看,一个经济体大致有两种增长方式:一是追赶型创新,是指推动增长的科技主要来自外部,与技术领先国相比,这类国家技术落后,它的增长目的在于追赶;二是内生型创新,是指技术创新源于内部运作,是科技引领式的增长。前一种方式增长较快,而后一种方式增长相对较慢。但可持续发展的经济体都必然要经历从追赶型创新向内生型创新的转变,只有成功实现创新转型的国家,才能长期保持世界经济的引领地位。时至今日,我国经过了70多年的追赶发展战略,必须有意识、有目的地向内生型创新转变,才能实现引领型发展。

从制度创新规律来看,历史唯物主义表明,一个国家能否崛起最终还是取决于制度创新的力度。近现代历史中[①],真正对世界发展产生显著影响的大国屈指可数,而这些大国的沉浮无一不反映了制度创新的发展规律。

这些国家无一不曾是"科技创新大国""制度创新大国",其社会制度都在一定时期、一定范围内具有历史的先进性:殖民主义高于封建主义,资本主义又超过殖民主义。但随着日益僵化的资本主义制度成为经济、社会发展的桎梏,自身无法解决的大危机、大萧条就必然造成整个社会的大破坏、大衰退,过去不到20年间爆发的两次亚洲、国际金融危机就证明了这一点。中国特色社会主义制度具有时代的先进性,不仅在于它充分吸收了人类文明发展的一切成果,更在于它是中国改革实践中自我探索、自我完善、自我超越的理论创新、制度创新、道路创新。

6.4.3 中国创新发展的主要任务

2016年是中国"十三五"规划的第一年,又是决胜第一个百年奋斗目标

---

① 历史学家通常根据生产力的标准,以16世纪作为世界近代史的开端,世界近代史也主要是指资本主义时期的历史。

的开局之年，因此，这个五年规划的意义非比寻常。2020年全面建成小康社会目标的顺利实现，是实现百年民族梦、中国梦的重要铺垫，是为中国发展迈上新台阶奠定新的基础。创新发展就是跨越新台阶、奠定新基础的第一动力，这就要不断推进理论创新、制度创新、科技创新、文化创新，打造创新先发优势、实现创新引领发展。

"十三五"时期，把中国经济社会发展的基点放在创新上，就是要加快实现由追赶型创新向内生型创新转变，在事关国家战略利益和长远发展的重要领域与关键环节率先布局2030，抢占2050，掌握国际竞争主导权、国际规则话语权。从经济增长的内核出发，抓住创新发展的关键点、着力点、突破点。这主要包括以下几方面。

- **强化科技创新实力**

提高中国的科技创新能力，发挥好基地创新、技术创新、市场创新、品牌创新、文化创新"五位一体"的综合动力。基地创新是进行基础性、引领性、外部性研究的重要平台，要加快在重大创新领域建设一批围绕国家战略、跨学科协作的国家实验室；技术创新要根植于已有产业的基础优势，升级打造为世界级的创新优势；充分利用中国的市场创新优势，以大国效应降低科技创新成本，以成本优势推动市场创新的扩张；品牌创新是检验创新最直接的标准，中国要成为创新型国家，离不开一流创新企业的核心技术与自主品牌，这就要鼓励创新企业不断成长，不断追赶、不断超越西方世界级企业，不断打造中国的世界级品牌；文化创新就是在全社会倡导创新精神、鼓励创新意识、发挥创新效益。

- **推动企业创新活力**

"企业强，国家强"，中国要成为创新型国家，离不开创新型企业的不断成长，不断追赶、不断超越西方的世界级企业。建设以企业为主体、以市场为导向、产学研相结合的技术创新体系，要使企业真正成为研究开发投入的主体、技术创新活动的主体、创新成果转化应用的主体。既要"放小"，按照负面清单管理，支持科技型中小企业的发展，又要"做大"，推动国有企业进

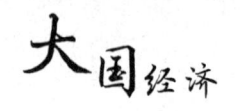

一步深化改革，破除行政性垄断，提高国有企业竞争力和创新力。

- 塑造产业创新优势

产业是立国之基、强国之本。产业创新是实现引领型发展的关键。塑造产业新优势，不仅要加快新领域的技术创新和应用，更要升级传统优势、构建新体系、拓展新空间，推动产业整体迈向中高端水平。在新领域创新上，要超前布局2050，在空天海洋、信息网络、生命科学、核技术等领域培育战略性产业；要抓紧引领2030，在节能环保、高端装备、新一代互联网等重点方向形成创新突破和应用；在产业升级上，重点围绕两化（工业化与信息化）融合、环保节能等领域，推动传统产业提质增效；在构建新体系上，落实《中国制造2025》，实现智能制造、绿色制造、服务制造；在拓展新空间上，以"互联网+"、高速铁路、高速公路、特高压输电、桥梁工程、水利大坝建设为切入点，推动国内国际互联互通，引领21世纪上半叶世界基础设施现代化，塑造中国创新的重要支点。

- 发挥市场创新特点

创新是一项高投入、高风险的经济活动，从产生到成长极其脆弱，成功概率极小，特别是实现技术成功、商业成功、市场成功完全是小概率事件。但真正具有价值的创新，一旦其应用范围从一平方公里扩大到几百万平方公里，用户从几百人、几千人增长到十几亿人，其前期投入的固定成本平均下来就几乎为零，这就大大降低了科技创新的经济成本、科技应用的交易成本。国内市场的巨大规模将成为创新成长的"第一助推力"，这就需要建立更加统一、便利和自由流通的国内有形与无形基础设施（网络），引导企业更好地利用这一规模优势，将跨国企业无法拥有的市场优势转化成中国企业的创新优势。

- 完善制度创新机制

制度创新是最根本的创新，是实现其他所有创新活动和过程的前提。推动创新发展离不开制度创新机制的完善，这包括政府与市场"两只手"的互补互助机制，中央与地方"两个积极性"的激励相容机制，国有企业与民营企业"两条腿走路"的互动合作机制，"引进来"与"走出去"的双向开放机制，等等。这还包括完善中国的经济决策机制，例如中央经济工作会议制度、经济和社会发展五年规划制度以及各类专项规划制度；深化科技体制改革，引导构建产业技术创新联盟；建立多元化的全社会创新投入机制，健全知识产权司法保护体系；营造激励创新的国内、国际公平竞争环境，建立有利于原始创新、集成创新、引进再创新和协同创新的政策环境和社会氛围。

- **实施创新人才战略**

"盖有非常之功，必待非常之人。"创新的源泉是人才，重大创新的源泉是顶尖人才。实现创新发展，就必须把发现人才、引进人才、培养人才放在创新战略的优先位置，加快实施"四位一体"的人才战略：一是实施教育优先发展的教育战略，实现中国从教育大国向教育强国、从人力资源大国向人力资源强国迈进的目标；二是实施人才强国战略，使中国进入世界人才强国行列，确保实现教育发展战略目标和主要指标，形成规模巨大的各类人才红利；三是大力推动人才队伍建设，完善全社会人才使用机制，统筹推进各类人才的队伍建设；四是加大引智力度，扩大对外交流。力争到2030年，引进和培养一批具有国际领先水平的学科带头人，吸引和建设一批领导重大创新活动的国际学术和智库研究中心，充分满足经济社会发展需要。

- **创新宏观调控思路**

"供需错位"已成为中国经济可持续增长的障碍之一，"供给失效"和"需求疲软"是当下经济运行中最大的问题。破解增长困境，需要在适度扩大总需求的同时，着力加强供给侧的结构性改革，着力提高供给体系质量和效率。这不仅要激发需求侧的经济拉力，更要重塑供给侧的经济推力。一是要推动新型工业化、信息化、新型城镇化、农业现代化、基础设施现代化的"五化"同步发展；二是加强需求转型对供给端的引领，主动适应和引导消费结构的升级，提高消费对经济增长的拉动作用；三是推动现代服务业大发展，提升服务业整体素质和竞争力；四是通过企业并购重组，培育具有核心竞争力的企业集团，运用市场机制和经济手段有效化解过剩产能。

第七章
新时代中国特色社会主义经济思想中的创新发展战略

党的十九大报告强调,创新是引领发展第一动力,是建设现代化经济体系的战略支撑。"十四五"时期是我国迈向第二个百年奋斗目标的开局期,是迈向创新型国家前列、如期建成世界创新强国的开局期。要把加快建成创新型国家作为"十四五"现代化建设全局的战略举措,坚定实施创新驱动发展战略,强化创新第一动力的地位和作用,不断提高创新质量,实现创新对高质量发展的全面引领。

本章内容依据党的十九大报告(2017)的战略部署以及《国家创新驱动发展战略纲要》《国家中长期科学和技术发展规划纲要(2006—2020年)》的要求,通过对"十三五"时期我国创新发展的评估,研究当前我国创新发展的战略背景和重大问题,为"十四五"时期我国创新发展的主要思路、发展目标与重点任务等提供决策参考。

7.1 "十三五"时期创新发展情况的评估

对国家科技"十三五"规划实施三年(2016—2018年)情况的评估显示:在12个量化指标中,到2018年已经有5个量化指标提前完成2020年目标,其中科技进步贡献率、高新技术企业营业收入、PCT(专利合作条约)专利申请量三个指标进展良好;研究与试验发展经费投入强度、每万名就业人员中研发人员两个指标滞后。反映在国家"十三五"规划中有两个指标,特别是研究与试验发展经费投入强度未能如期实现，直接影响国家"十三五"规划以及创新驱动战略的实施进度（见表7-1）。

表7-1　　　　"十三五"时期科技创新主要指标

	指标	2018年指标值	2018年计算值	2020年目标值	2020年计算值
1	国家综合创新能力世界排名（位）	17	—	15	—
2	科技进步贡献率（%）	58.5	—	60	—
3	研究与试验发展经费投入强度（%）	2.18	1.96万亿	2.5	2.5万亿
4	每万名就业人员中研发人员（人年）	54.0	419万	60	>550万
5	高新技术企业营业收入（万亿元）	31.84（2017）	与GDP之比35.38%（2017）	34	与GDP之比34%
6	知识密集型服务业增加值占国内生产总值的比例（%）	—	—	20	20万亿
7	规模以上工业企业研发经费支出与主营业务收入之比（%）	—	—	1.1	1万亿
8	国际科技论文被引次数世界排名	2	—	2	—
9	PCT专利申请量（万件）	5.3	—	翻一番（6.10）	—
10	每万人口发明专利拥有量（件）	11.5	总计160.2万件，占全球的比重为20.9%	12	总计168万件，占全球的比重为18%左右
11	全国技术合同成交金额（亿元）	17697	与GDP之比为2.0%	20000	与GDP之比为2.0%
12	公民具备科学素质的比例（%）	8.47	—	10	—

资料来源：国家统计局网站，http://www.stats.gov.cn/tjsj/zxfb/201702/t20170228_1467424.html。

7.2 "十三五"时期我国已进入高质量创新发展阶段

"十三五"以来，中国已经稳步迈入创新型国家行列，科技创新水平已经在若干前沿领域处于世界前列、进入"领跑"阶段，科技创新进入高质量发展时代，科技创新的国际地位、科技总体发展水平发生历史性变化，从在世界科技领域"占有一席之地"到成为具有重要国际影响力的科技大国，科技实力再上一个新台阶。世界知识产权组织发布的《2019年全球创新指数》显示，我国创新指数从2016年第25位上升至2019年第14位，已经超越英国，位列发展中国家首位[1]。这为实现"跻身创新型国家前列"和"建成世界科技创新强国"的中长期目标打下了坚实的基础。

7.2.1 我国已进入创新高质量发展阶段

我国创新效率大幅提升，创新质量不断提高。2018年，我国全社会研究与试验发展支出19677.9亿元，占我国GDP总额的2.19%，超过欧盟平均水平（2.13%），达到中等发达国家水平[2]。创新实力稳居世界前列，2018年，我国国际科研论文总量和被引次数稳居世界前两位，研发人员总量为419万人年，稳居世界第一位[3]。截至2019年，我国国内（不含港澳台）有效专利186.2万件，每万人口发明专利拥有量13.3件，提前完成国家"十三五"规划目标（12件）[4]。其中，我国每千万元研发经费发明专利授权量从2010年1.27件上升到2018

---

[1] 康奈尔大学，欧洲工商管理学院，世界知识产权组织，《2019年全球创新指数》，https://www.wipo.int/global_innovation_index/en/2019/，访问日期为2019年7月24日。

[2] 国家统计局，《2018年全国科技经费投入统计公报》，http://www.stats.gov.cn/tjsj/tjgb/rdpcgb/qgkjjftrtjgb/201908/t20190830_1694754.html，访问日期为2022年12月16日。

[3] 国家统计局，《发展大跨越 创新引领谱新篇——新中国成立70周年经济社会发展成就系列报告之七》，http://www.stats.gov.cn/tjsj/zxfb/201907/t20190723_1680979.html，访问日期为2022年12月16日。

[4] 《2019年我国三大专利授权量数据统计：实用新型专利占比61%》，https://m.sohu.com/a/399182011_642249?_trans_=010004_pcwzy，访问日期为2022年12月16日。

年1.9件；每百亿元GDP专利申请量从2010年314.16件上升到2018年498.3件[1]；规模以上制造业每亿元主营收入有效发明专利数（件）从2012年的0.33件增长到2016年的0.71件，年均增长率21%[2]。创新已经从数量型向质量型发展转变。

7.2.2 我国已成为全球知识产权引领者

我国已成为世界最大知识产权国。2018年4月，国家主席习近平在博鳌亚洲论坛发表主旨演讲时提到，加强知识产权保护是完善产权保护制度最重要的内容，也是提高中国经济竞争力最大的激励。欧洲专利局数据显示，2017年中国专利申请数量高达8330件，首次取代瑞士成为仅次于美、德、日、法的第五大申请国。根据2018年联合国世界知识产权组织发布的《世界知识产权指标》，2017年我国国内专利、商标、工业品外观设计等各类知识产权的申请量都位列全球第一，分别占全球总量的43.6%、46.3%和50.6%[3]。我国发明专利申请量和授权量均居世界首位，申请量连续8年位列世界第一。2019年上半年共受理PCT国际专利申请2.4万件，同比增长4.9%，其中国内申请2.2万件，同比增长2.8%[4]。截至2018年12月，我国人工智能相关专利申请量超过14.4万件，占全球申请总量的43.3%，居全球首位[5]。在包括经合组织34国、金砖5国和新加坡在内的40个国家中，我国知识产权发展水平位居世界中上游，总体水平快速提升，从2014年的第20位提升至2017

---

[1] 《国家知识产权局发布2019年上半年主要工作统计数据并答问》，http://www.gov.cn/xinwen/2019-07/09/content_5407634.htm，发布日期为2019年7月9日。
[2] 国务院研究室，《十三届全国人大二次会议〈政府工作报告〉辅导读本》。
[3] 《世界知识产权指标》报告显示，2017年全球知识产权申请量再创新高。其中，专利申请量为316.89万件，实现连续8年增长；全球商标申请活动总量为1238.76万件；工业品外观设计的申请总量为124.21万件。中国的专利、商标和工业品外观设计的申请数量分别为138.16万余件、573.98万件和62.87万件，均位列全球第一。中国成全球知识产权引领者，http://paper.people.com.cn/rmrbhwb/html/2018-12/08/content_1897687.htm，访问日期为2019年8月28日。
[4] 同①。
[5] 同②。

年的第 8 位。世界知识产权组织总干事弗朗西斯·高锐称,中国已跻身全球知识产权引领者行列①。

7.2.3　知识产权市场体系快速发展

2018 年我国产权交易资本市场交易额比上年增长 56.9%,达到 12.39 万亿元,与 GDP 之比为 14.3%②。全国技术市场成交额从 2015 年的 9836 亿元上升到 2018 年的 17697 亿元,占 GDP 之比从 1.43% 上升至 1.97%,成为中国特有的大规模技术市场,也成为研发再投入的重要来源。2018 年,中国支付知识产权使用费达到 356 亿美元,比 2001 年增长近 19 倍③。截至 2019 年上半年,我国专利质押融资项目同比增长 33%,其中小额专利质押融资项目占比为 68.6%④,更多创新型中小微企业通过知识产权质押获得融资支持,知识产权在全社会的受重视程度和运用效率大幅提升。

7.2.4　新兴产业带动作用不断提高

"十三五"时期,新兴产业对经济社会发展的带动和支撑作用进一步凸显。科技进步对经济增长贡献率从 2012 年的 52.2% 增至 2018 年的 58.5%,国家综合创新能力从 2012 年的第 34 位攀升至 2018 年的第 17 位,创新型国家的国际地位进一步提升。2018 年,计算机、通信和其他电子设备制造业增长 13.1%,高于规模以上工业增加值增速 6.9 个百分点;医药制造业增长 9.8%,

---

① 《世界知识产权指标》报告显示,2017 年全球知识产权申请量再创新高。其中,专利申请量为 316.89 万件,实现连续 8 年增长;全球商标申请活动总量为 1238.76 万件;工业品外观设计的申请总量为 124.21 万件。中国的专利、商标和工业品外观设计的申请数量分别为 138.16 万余件、573.98 万件和 62.87 万件,均位列全球第一。中国成全球知识产权引领者,http://paper.people.com.cn/rmrbhwb/html/2018-12/08/content_1897687.htm,访问日期为 2019 年 8 月 28 日。

② 中国经济网,《我国产权交易资本市场交易额首破 10 万亿元》,https://baijiahao.baidu.com/s?id=1638449589517403885&wfr=spider&for=pc,访问日期为 2019 年 8 月 30 日。

③ 《商务部:去年中国向美国支付知识产权使用费 86.4 亿美元》,http://finance.people.com.cn/n1/2019/0602/c1004-31115849.html,发布日期为 2019 年 6 月 2 日。

④ 金额在 1000 万元以下(含 1000 万元)的项目。

高于规模以上工业增加值增速 3.6 个百分点,新能源汽车、智能电视产量分别比 2017 年增长 66.2% 和 17.7%[①]。普华永道思略特发布的《2018 年全球创新 1000 强报告》显示,中国有 175 家企业入围"全球创新 1000 强",企业研发支出增长 34.4%,增幅领跑全球[②]。2018 年,高新技术企业达到 18.1 万家,科技型中小企业突破 13 万家;高新技术企业研发投入占全国比重超过 50%,发明专利授予权量占 40%[③]。新兴产业逐渐成为带动经济高质量发展的重要力量。

7.2.5 区域创新高地辐射效应显著

区域创新高地在推动协同创新发展方面作用显著。北京、上海科技创新中心不断在基础研究、原始创新和国家急需领域取得重大突破,加快向具有全球影响力的科技创新中心进军。结合国家重大战略,按照"东转西进"的布局设想,完善布局国家自创区。全面创新改革试验区、创新型省份和城市建设形成可复制、可推广的经验,京津冀、长江经济带协同创新发展等深入推进,东中西部跨区域创新合作迈出新步伐,在成果转移转化、科技资源开放共享、科技园区共建等方面取得一批标志性成果。国家自创区、高新区辐射带动作用显著,国家自主创新示范区和国家高新区成为区域创新发展的核心载体和重要引擎。2018 年,北京中关村、武汉东湖、上海张江、深圳、苏南、天津滨海、西安 7 个国家自创区对所在地区 GDP 增长贡献率都超过 20%,成为创新发展的"领头雁"。千年大计雄安新区将引领中国创新发展的新高度,成为改革开放以来继深圳经济特区和上海浦东新区外又一区域创新的典范。

7.2.6 科研体制改革迈出坚实步伐

在"十三五"国家科技创新规划和《国家中长期科学和技术发展规划纲

---

① 国务院研究室,《十三届全国人大二次会议〈政府工作报告〉辅导读本》。
② 《2018 年全球创新 1000 强报告:中国企业研发支出增长领跑全球》,https://www.sohu.com/a/273473148_680938,访问日期为 2018 年 11 月 6 日。
③ 同①。

要（2006—2020年）》的要求下，科技创新体制机制改革不断深化，科技机构改革稳妥推进，整合调整原科技部、原外专局、自然科学基金委重点工作，构建战略引领、资源统筹、创新服务、重大攻关四大板块。科技体制改革向纵深推进，科技领域"放管服"持续深化，有利于创新的市场环境不断完善，重点领域和关键环节取得实质性突破。以增加知识价值为导向的分配政策全面实施，进一步扩大科研单位自主权，国家制定出台《关于扩大高校和科研院所科研相关自主权的若干意见》《关于深化项目评审、人才评价、机构评估改革的意见》《国务院关于优化科研管理提升科研绩效若干措施的通知》，科技成果处置收益权进一步下放，不断激发科技人员创新创业积极性，高校、科研院所成果转化"量""质"齐增，更大激发社会创新创造活力。

总体来说，我国建设创新强国已具备坚实的发展基础。2012年以来，科技创新正在从量的积累向质的提升逐步转变，科研体系日益完备，人才队伍不断壮大，科学、技术、工程、产业的自主创新能力快速增强。庞大的市场规模、完备的产业体系、多样化的消费需求与互联网时代的创新效率相融合，为创新发展提供了更广阔的空间。中国特色社会主义的制度优势为加快建成创新型国家提供了根本保障。同时要看到，虽然我国科技创新水平在某些领域已与创新型国家接近或相当，但综合创新能力距离世界创新型国家前列还存在一定距离[①]。

- **科技创新发展不平衡**

原始创新能力不强，自主提出科学问题和有效解决产业问题能力较弱。中高端科技供给能力仍旧存在明显差距，关键核心技术"心脏病"问题突出、"缺芯少魂"现象普遍；系统集成能力较强，但集聚整合全球科技创新资源能力不足；再创新能力不足，对国外的产业技术发展路径依赖较强。表现为研

[①] 参考资料1：新华网，《国家统计局：2021年中国创新指数比上年增长8%》，http://m.news.cn/gd/2022-10/29/c_1129086526.htm。参考资料2：中华人民共和国中央人民政府，《中国这十年：中国式现代化建设取得新的历史性成就》，http://www.gov.cn/xinwen/2022-06/29/content_5698321.htm。

究与试验发展经费投入强度（2.18%，2018）与韩国（4.24%，2016）、日本（3.14%，2016）、德国（2.94%，2016）、美国（2.74%，2016）等科技先进国家相比存在差距。

科技研发投入结构失衡，基础性研究偏低。基础研究、应用研究与试验发展经费极不平衡，2017年，三项研发经费所占比分别为5.5%、10.5%和84%[1]；基础研究投入偏低，近年来我国基础研究投入持续增长，从2011年411.8亿元增至2017年1118亿元，年均增长，位居世界前列，但是占全国研发支出总额比重仅为6.35%，远低于发达国家水平（15%左右）；基础研究人员全时当量从2011年13.81万人年增长到2017年29.01万人年，6年约翻一番[2]，居世界首位，但仅占全国研发人员总全时（403.4万人年，2017）的7.2%。

- **创新活动发展不充分**

创新主体的活力未充分开发。我国已经形成以企业为主体的创新体系，但与创新领先国家相比，企业整体研发投入强度仍然较低，规模以上工业企业研发投入强度与美国、日本等国家差距巨大；作为共性技术开发、基础研究的主体，我国科研机构、高等院校尚未发挥其应有的作用，定位不明、体制僵化，尚未充分发挥基础研究、人才培养的作用。

科技创新高端人才支撑不足。我国科技创新人才队伍大而不强，人才结构还不能满足科技创新发展的要求，战略科学家、科技领军人才缺乏，高层次科技人才短缺，人力资源国际化程度有待提升；我国科技领域全职研究人员尽管在总量上已经超过美国，但每千人劳动力中研究人员比重远低于美国、日本、韩国等发达国家。

研发产业与研发服务业发展不充分。科学研究和技术服务业规模较小、创新研发支撑作用较弱。第三次全国经济普查显示，2013年全国科学研究和

---

[1] 国家统计局，《2017年全国科技经费投入统计公报》，http://www.stats.gov.cn/tjsj/zxfb/201810/t20181009_1626716.html，访问日期为2018年10月9日。

[2] 李静海，《抓住机遇推进基础研究高质量发展》，《中国科学院刊》，2019年第5期。

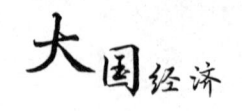

技术服务的从业人员为 849.4 万人，仅占第三产业从业人员（29636.1 万人）的 2.9%[①]，2017 年科学研究和技术服务业法人单位仅占全国总数 4.7%，这与我国建成创新人才强国、创新市场强国目标极不相符；研发产业与研发服务业仍处在从高校科研机构向企业研发机构迈向科教融合、产教融合的重要阶段。

- 创新引领尚未全面实现

我国科技创新的中高端供给能力不足。核心技术对外依存度较高导致关键领域技术创新受制于人，难以满足依靠创新引领产业转型升级的需求。

科技成果转化体系不够完善。主要存在创新成果转化相关政策法规不完善、专业服务机构与专业人才缺乏、有利于成果转化的评价体系尚未有效建立等问题。

创新发展战略需要向引领型转变。《国家中长期科学和技术发展规划纲要（2006—2020 年）》适用于跟随赶超阶段的发展战略，需要加快向引领型创新的战略转变，更有效地应对激烈的国际竞争，加大对创新"无人区"的探索。

7.3 "十四五"时期我国进入创新发展期

"十四五"是我国迈入第二个百年奋斗目标的开局期，是迈向创新型国家前列、如期建成世界创新强国的开局期。我国创新发展处在关键阶段，既面临赶超跨越的难得历史机遇，也面临差距拉大的严峻挑战，唯有勇立世界科技创新潮头，始终把提高自主创新能力摆在突出位置，密切关注国际趋势，不断扩大开放合作，才能为我国赢得创新发展主动权，为人类文明进步作出更大贡献。

[①] 国家统计局，《第三次全国经济普查主要数据公报（第一号）》，http：//www.stats.gov.cn/tjsj/zxfb/201412/t20141216_653709.html，访问日期为 2014 年 12 月 16 日。

7.3.1 实现创新全面引领的关键期

中国特色社会主义进入新时代,基本特征是我国经济已经由高速增长阶段转向高质量发展阶段,"十四五"时期逐步实现从速度到质量、从规模到效益的转变,实现经济高质量发展必须依靠创新全面引领。历史经验表明,科技创新"乘数效应"越大,经济发展质量就越高。只有加快建成创新强国,推动科技与经济深度融合,才能打通从科技强到产业强、经济强、国家强的通道,切实发挥创新对经济社会发展的引领与支撑作用。

7.3.2 全球第四次工业革命战略机遇期

全球新一轮科技革命、产业变革加速演进,正在重塑世界竞争格局、改变国家力量对比,"十四五"时期,国家创新竞争态势更加激烈,世界各国都意在第四次工业革命和新一轮新技术革命引发的全球科技发展再平衡中赢得先发优势,利用国家力量强力主导科技发展,如美国国家制造创新网络计划(NNMI)、德国的"高科技战略2025"、日本的"社会5.0"战略等。以金砖国家为代表的多个新兴创新增长极,催生更广阔、更融合、更高效的全球创新网络。

7.3.3 向高收入阶段迈进的重要期

"十四五"时期,我国处在从上中等收入向高收入迈进阶段,预计到2025年,我国人均GDP将接近21000国际元[1],进入高收入阶段[2];城乡居民

---

[1] 人均GDP将接近21000国际元,数据来源:人均GDP数据来源世界银行数据库,https://data.worldbank.org/indicator/NY.GDP.MKTP.PP.KD?locations=CN,2025年数据系作者估算。

[2] 到2025年,中国将进入高收入阶段,世界高收入人口将提高至43.03亿人,占世界总人口比重的52.6%。数据来源:胡鞍钢,周绍杰,《2035中国:迈向共同富裕》,《北京工业大学学报(社会科学版)》,2022年22卷1期。

恩格尔系数将进一步下降并趋同，分别下降到 25.5% 和 27.9%[①]，城乡居民实际生活水平差距显著缩小，中等收入人群 7~8 亿人；到 2025 年，常住人口城镇化率接近 70%，我国城镇总人口将达到 10 亿人左右，占世界人口比重接近 1/8。当前全球正在走向以数字化、网络化、智能化、绿色化为特征的第四次工业革命时代，服务业、知识经济、绿色经济将逐步成为主导产业；新兴技术将不断革新现有产业、催生新兴产业，资源效率不断提高；新兴技术将以满足人类需求为核心，持续提升生活质量；新兴技术将与商业模式、金融资本深度融合，持续创造新的经济增长点和就业创业空间。加快建成创新强国，将为满足人民日益增长的美好生活需要提供充分的科技支撑，成为国民经济持续健康发展的重要支撑。

7.4 "十四五"时期我国创新发展的思路、目标与总体部署

当前，我国已经成为世界创新大国，在世界重要科技创新领域占有一席之地，正处于从创新型国家行列向创新型国家前列迈进的关键时期。"十四五"时期要实现创新发展的全面引领作用，为我国到 2035 年跻身创新型国家前列奠定坚实基础，为如期基本实现 2035 年社会主义现代化提供全面支撑。

7.4.1 "十四五"创新发展总思路

"十四五"时期，我国要加快建成创新强国，推动创新高质量发展、实现创新全面引领；在全球科技发展的关键领域和前沿方向进入"领跑"阶段，成为第四次工业革命和新一轮全球创新的引领者、推动者、贡献者。把创新摆在国家发展全局的核心位置，坚定不移地走新时代中国特色自主创新道路，

---

① 书中 2019 年及之前年份的居民恩格尔系数数据来自国家统计局编，《2020 中国统计摘》，中国统计出版社，2020 年版，第 57 页；2025 年数据系作者估算。

坚持自主创新、全面跨域、引领发展、贡献人类的方针，尽快打破对传统创新路径的依赖，加快实现我国整体科技水平从"跟跑""并行"向"领跑"的战略转变，加快实现创新模式从模仿跟随到引领的战略转型，加快实现在前沿科学领域从知识利用者到知识创造者的转变，完善以知识创新体系、技术创新体系、市场创新体系、现代经济体系、人才储用体系、区域创新体系、国际创新体系、创新支撑政策体系和创新战略方法体系构成的中国特色国家创新体系，全面提升国家创新体系整体效能，确保如期进入创新型国家前列，为建成世界科技强国奠定坚实基础，为实现"两个一百年"奋斗目标和中华民族伟大复兴提供强大动力。

7.4.2 "十四五"创新发展目标和指标

"十四五"创新发展总体目标是全社会创新能力大幅度提升，创新全面引领成效显著，进入世界创新型国家和人才强国前列（前10位），科技实力稳居世界前三位，科技水平进入世界前列，对世界科技创新与科学发展作出重大贡献。建成创新型国家的主要标志是科技和人才成为国力强盛最重要的战略资源；劳动生产率、社会生产力提高主要依靠科技进步和全面创新；拥有一批世界一流的科研机构、研究性大学和创新型企业；创新的法律制度环境、市场环境和文化环境优良[①]。

创新引领成效显著。全要素生产率进一步提高，科技进步贡献率达到63%；促进我国产业特别是制造业迈向中高端，高新技术企业营业收入达到60万亿元以上，高技术产品出口额超过欧盟，世界首位[②]；推动互联网、大数据、人工智能和实体经济深度融合，为发展数字经济、平台经济、"三新"经济（新产业、新业态、新商业模式）提供科学支撑、技术支撑、网

---

① 《党的十九大报告辅导读本》，人民出版社，2017年。
② 2016年中国高技术产品出口额占世界总量比重为24.9%，美国比重为7.7%，欧盟比重为32.4%。数据来源：世界银行，https://data.worldbank.org/indicator/TX.VAL.TECH.CD?end=2017&locations=CN-US-1W-EU&start=1989，访问日期为2019年8月31日。

络支撑;"三新"经济增加值占 GDP 比重达到 1/5 左右;全国技术合同成交金额达到 4 万亿元以上,与 GDP 之比为 3.0%;培育一批世界五百强企业、创新型企业、独角兽①、知名品牌②、国际标准③;北京、上海、深圳建成一批具有全球影响力和强大辐射带动作用的区域创新中心。

自主创新能力显著提升。基础研究取得重大进展,聚焦鼓励原创性、基础性、长期性创新成果,前瞻部署应用研究关键学科、重大领域、重点项目,战略性、全局性、高技术取得重大突破,形成新产业、新业态、新商业模式,科技国际竞争力显著提高,全球创新指数在世界前 15 位左右,整体水平由"跟跑""并行"向"领跑"为主转变。研究与试验发展经费投入强度达到 2.6%,基础研究占全社会研发投入比例达到 10% 左右,规模以上工业企业研发经费支出与主营业务收入之比达到 1.3%;国际科技论文被引次数仍保持世界第二位;每万人口发明专利拥有量达到 18 件,全国有效发明专利拥有量达到 250 万件以上,通过 PCT 途径提交的专利申请量达到 10 万件以上,居世界首位;建成世界最大的知识产权密集型产业和国内市场,大力发展知识产权国际贸易,知识产权进出口贸易翻一番。

创新型人才规模质量大幅提高。基本形成规模宏大、结构合理、素质优良的创新型科技人才队伍,按折合全时工作量计算,全国研发人员总量超过 540 万人年,每万名就业人员中研发人员达到 70 人年,大力发展研发新兴产业,放开研发机构的人员聘任限制,赋予充分的自主权;基本形成我国一批国际领先的战略科技人才、国际科技竞争力的领军人才、各类科技专业人才、

---

① 根据 IC Insight 统计,2013 年至 2018 年 12 月 31 日,全球独角兽总数达到 313 家,其中美国为 151 家、中国(包括中国香港)为 88 家。远见财讯,《中国独角兽报告:2019》,https://baijiahao.baidu.com/s?id=1627504797435632734,访问日期为 2019 年 3 月 10 日。

② Brand Finance 发布《2019 年全球最具价值品牌 500 排行榜》,中国有 77 家品牌入选,品牌总价值高达 13074 亿美元。

③ 中国已有 189 项标准提案成为 ISO 标准,国家标准、行业标准和地方标准总数超过 10 万项,企业标准超过百万项,已经基本形成覆盖一二三产业和社会事业各领域的标准体系。夏杰生,《"得标准者得天下"——张晓刚谈国际标准化发展与"中国制造"》,《中国冶金报》,2018 年 5 月 25 日。

科技发展重点领域急需紧缺专门人才、技术市场创新型的企业家队伍,培养一大批科技人才后备军和后起之秀。

科技管理体制改革不断深化。加速推进知识产权及其保护制度改革,特别是赋予科研人员科技成果所有权和长期使用权;开放性知识产权及技术项目交易市场基本建成,科技创新融资体系更加完善;建立健全有针对性的、分类的以科技创新绩效为核心的中长期绩效评估制度,并相应完善项目评审、人才评价、机构评估等体系,最大限度地激发机构、人才、装置、资金、项目等创新要素的活力。

创新环境更加优化。激励创新的政策法规更加健全,知识产权保护更加严格,形成崇尚创新创业、勇于创新创业、激励创新创业的价值导向和文化氛围。全社会形成创新活力竞相迸发、创新源泉不断涌流的生动局面,大力发展科技中介服务业与科技金融业,构建并完善多层次的专利融资市场,建成全球规模最大、效率最高的知识产权交易中心。

我国创新发展主要指标(2015—2025年)如表7-2所示。

表7-2　　　我国创新发展主要指标(2015—2025年)

指标名称	2015年	2018年	2020年(目标与实际结果)	2025年(目标)	属性
研究与试验发展经费投入强度(%)	2.1	2.18	2.5 [2.25]	2.6	预期性
每万人口发明专利拥有量(件)	6.3	11.5	13	18	预期性
专利申请量(万件)	4.3(2016年数据)	5.3	6.5	10以上	预期性
科技进步贡献率(%)	55.1	58.5	60	63	预期性
高新技术企业营业收入(万亿元)	22.2	31.8(2017年数据)	34 [42]	60	预期性
"三新"经济占GDP比重(%)	14.5	16.1	17.1	20	预期性

续 表

指标名称	2015 年	2018 年	2020 年（目标与实际结果）	2025 年（目标）	属性
全国技术合同成交金额（万亿元）	0.98	1.77	2.34	4	预期性
知识产权使用费进出口总额（亿美元）	—	350	—	—	预期性

注：2020 年目标与实际结果一列，中括号内为实际结果。

7.4.3 "十四五"创新发展总体部署

未来，我国创新发展要紧紧围绕 2035 年实现基本社会主义现代化的要求，依据党的十九大报告以及《国家创新驱动发展战略纲要》，一是立足国情和发展需求，确定若干个国民经济和社会发展的重点领域，突破一批重大关键技术，全面提升科技支撑能力；二是瞄准国家目标，实施若干重大专项，充分发挥创新在推动产业迈向中高端、增添发展新动能、拓展发展新空间、提高发展质量中的核心引领作用；三是应对挑战，超前部署前沿研究领域，加大基础研究支持力度，加快应用研究转化效率，有效整合基础研究、应用基础研究、技术产品开发、工程化和产业化，形成独立完整的产业创新链；四是完善国家创新体系，强化创新能力体系建设，深化体制改革，增加研发投入，加强人才队伍建设，为我国进入创新型国家前列提供重要支撑。

7.5 "十四五"时期我国创新发展的重大任务

"十四五"时期，要继续坚持把经济社会发展的基点放在创新驱动上，在创新发展中处理好政府与市场、自主创新与开放创新、科技创新与其他领域创新的关系，全面推进中国特色国家创新体系建设。通过完善国家创新体系，加快创新资源整合，军民创新融合，实现跨部门、跨领域、跨单位的实质性联合，提升国家创新体系的总效能，动员全社会的资源和力量加快建成创新型国家。"十四五"时期,完善国家创新体系的具体任务如下。

7.5.1 加快构建基础科学研究体系

基础科学研究能力决定源头创新能力和国际科技竞争力,是一个国家创新水平的根本体现,是创新体系的源头,是解决人类重大问题的基础。建设世界创新强国,必须加强我国的基础科学研究实力、提高基础学科水平。鼓励自由探索,完善国家科学基金对基础科学研究、基础学科建设和基础设备资助体系,大幅增加基础研究、基础设施投入,大力支持"从0到1"的原创性成果;聚焦前沿,构建以人类生命健康领域、社会发展和生态环境改善、变革性技术发展、提升基础科学能力等为核心的经济社会基础科学研究体系;共性导向,构建复杂科学和跨学科研究体系,大幅增加国家科学基金对多学科领域交叉共性难题的投入,以多学科、跨领域交叉融合提升基础科学研究能力。

7.5.2 加快形成核心技术突破体系

核心技术能力是一国创新实力的根本,自力更生突破核心技术是中国创新的鲜明底色,"敢于走前人没走过的路,努力实现关键核心技术自主可控"。这就需要加快形成核心技术突破体系,实现重大领域关键核心技术突破。核心技术突破来自原始创新,这既需要有广泛的自下而上的原创思想的火花和源泉,又要从上到下有效的战略方向引导:自下而上必须依靠广大科技人员的智慧,这就包括以原创价值为导向的评审评价体系;从上到下要有明确的宏观战略导向,这就包括构建科技前沿战略研判体系,引导科学家在最具机遇和最需要的方向上寻找突破点,同时要发挥新型举国体制优势,布局建设一批体量大、学科交叉融合、具备国际前沿水平、综合集成的国家实验室(体系),解决技术瓶颈背后的核心科学问题,促使基础研究成果走向应用。

7.5.3 加快完善市场创新转化体系

完善市场创新转化体系，培育一批专业水平高、服务能力强的国家技术转移机构，建立完善区域性、行业性技术市场，打造链接国内外技术、资本、人才、创新资源的技术转移网络。特别要把大力发展科研和技术服务业作为实现市场创新的重要目标，例如：建立统一开放的技术交易市场体系，建立技术产权交易市场（中心），创新技术转移模式，加速创新要素开放流通；为知识产权的资本化提供一系列服务，发展专利质押融资以提升知识产权运用效益；大力发展科技中介服务业和科技金融服务业，积极推动跨境知识产权市场的发展，让知识产权服务全面融入经济社会发展。

7.5.4 加快建设创新引领的现代化经济体系

把创新作为第一动力，建设实体经济、科技创新、现代金融、人力资源协调发展的产业体系，更有利于将技术、资本、劳动三大要素同实体经济发展紧密结合，不断提高创新发展对现代化经济体系的支撑能力，不断提高科技创新在实体经济发展中的贡献份额。这需要加强创新的经济融合、主体融合、技术融合与跨领域融合，促进科技创新与经济社会发展深度融合，加大高校、研究机构、企业、社会组织等创新主体的深度融合，推动大规模技术集成与技术融合，切实解决创新活动与经济社会发展中存在的"两张皮"问题，打通从科技强到产业强、经济强、国家强的通道。

7.5.5 加快构建多层次创新人才储用体系

"创新之道，唯在得人。得人之要，必广其途以储之。"创新驱动实质上是人才驱动。要加快构建多层次创新人才储备和使用体系，加快促进战略科技人才、科技领军人才、青年科技人才和高水平创新团队的建设，实现不同领域创新人才各显其能，真正实现全体人民参与的社会创新活动，提升全社会创新意识和创新能力，真正让创新在全社会蔚然成风，提升国家创新发展软实力。

7.5.6 加快形成多中心区域创新布局

加快构建多功能的区域创新中心，加快形成多中心、多层次、多形式、多领域的区域创新布局。加快建设北京、上海、深圳成为具有全球影响力的科学技术创新中心，加快建设粤港澳大湾区成为具有全球影响力的科技产业创新中心，推动新兴产业发展；加快建设省会等科教密集、创新成果多的城市成为具有区域影响力的创新中心，带动京津冀、长江经济带、珠三角创新区建设，推动产业转型与升级；加快建设10个左右有科研合作基础、专项科技领域的特色创新城市，支撑前沿科技探索。加快区域间发展战略、产业结构布局、跨区域基础设施规划的协调对接，提高资源配置效率，充分释放区域创新潜能。

7.5.7 加快建成更加开放的国际创新体系

建成世界科技强国、进入创新型国家前列的一个重要标志就是具备国际层面的科技话语权。科学发展史表明，如果一个国家的学术产出占同期世界总数的20%以上，就可以称为"世界科学中心"，我国目前的学术产出已经接近这个数字[1]，要抓住和创造全球创新资源加速流动的历史机遇，持续扩大全球创新人才、资源、技术交流，争取举办世界科学论坛大会；扩大我国进入全球科技创新中心城市数量，提升百强中心城市排名；不断加强与世界顶尖高校、发达国家高新技术产业、企业的科学交流与技术合作，紧密结合"一带一路"倡议，积极推动中国技术标准"走出去"，逐步提升关键核心科技领域的国际话语权。

7.5.8 加快整合创新支撑政策体系

提升全社会的创新能力与创新水平，需要进一步整合与优化创新发展的

---

[1] 杨舒，《"我国已到达世界科学中心的边缘"——访国家自然科学基金委主任杨卫》，《光明日报》，2017年1月8日第6版。

相关配套政策，充分发挥社会主义集中力量办大事的优势，构建相互协调、相互配合的创新支撑政策，提升国家创新体系的总效能。这包括实施激励企业技术创新的财税政策；加强对引进技术的消化、吸收和再创新的开放政策；实施促进自主创新的政府采购政策；实施知识产权战略和技术标准战略的产业政策；实施促进创新创业的金融政策；加速高新技术产业化和先进适用技术的推广政策；完善军民结合、寓军于民的融合政策；扩大开放的国际和地区科技合作与交流政策；制定实施提升全社会科学素质的科普与创新教育政策；推进项目评审、人才评价、机构评估改革的科技成果分配政策，等等。

7.5.9 加快研究创新战略的方法体系

"不谋一隅，不足以谋全局。"战略规划是全局性、根本性的，要加大对创新战略方法的研究，积极探索新型举国体制的发展模式，从问题导向、证据导向和科学导向出发，构建既符合科技发展规律，又符合社会发展规律的创新规划理论与方法体系，开发创新战略研究工具，通过建模等方法深化战略性问题研究，提高创新战略的科学性、有效性和可靠性，提出更加系统性、适应性的战略框架，使创新规划更好地服务发展、引领未来、贡献人类。要制定好新一轮中长期科技发展规划（2021—2035年），确立我国至2035年创新战略方针、战略目标、战略重点、战略举措，勾画我国至2050年重点领域发展路线图，制定战略新兴产业及技术发展路线图。

总之，"十四五"时期（2021—2025年）是我国第二个百年奋斗目标的开局期、迈向高收入阶段的开局期、实施创新强国阶段的开局期，是我国从创新大国迈向创新强国的关键期。在我国加快推进社会主义现代化、实现"两个一百年"奋斗目标和中华民族伟大复兴中国梦的关键阶段，必须始终坚持抓创新就是抓发展、谋创新就是谋未来，让创新成为国家意志和全社会的共同行动，走出一条从科技强到产业强、经济强、国家强的发展新路径，为我国未来十几年乃至更长时期创造新的增长周期。

第八章
以新发展理念驱动我国实现高质量发展

习近平总书记在《关于〈中共中央关于制定国民经济和社会发展第十四个五年规划和二〇三五年远景目标的建议〉的说明》中指出,"新时代新阶段的发展必须贯彻新发展理念,必须是高质量发展。"

坚持新发展理念是习近平新时代中国特色社会主义思想的重要理念之一[1],完整定义了高质量发展的要求:创新发展强调把经济增长的引擎从要素投入转向生产率提高;协调发展着眼于改善诸如城乡之间,东中西部地区之间,出口、投资和消费需求"三驾马车"之间等一系列平衡关系;绿色发展着眼于应对气候变化、环境保护和资源可持续性等方面的挑战;开放发展表明了中国继续对外开放、积极参与全球化的决心;共享发展是对解决诸如收入差距和基本公共服务供给不均等问题的部署。

早在2015年10月,习近平总书记在党的十八届五中全会第二次全体会议上的讲话中首次提出创新、协调、绿色、开放、共享的发展理念,这是《中共中央关于制定国民经济和社会发展第十三个五年规划的建议》的重大创新和历史性贡献,也是这份文件的最突出亮点。之后,国家"十三五"规划纲要将牢固树立和贯彻落实创新、协调、绿色、开放、共享的发展理念,作为"十三五"时期我国经济社会发展的重要指导思想。

---

[1] 坚持新发展理念是提出的"十四个坚持"之一。"十四个坚持"是习近平总书记2017年10月18日,在党的十九大报告中提出的新时代中国特色社会主义理论,回答了新时代怎样坚持和发展中国特色社会主义。

回顾"十三五"以来我国经济政策制定和演进的历程,可以看到,高质量发展目标是历次中央经济工作会议通过对经济形势进行科学判断、对发展理念和思路作出及时调整、对经济工作进行精心安排和周密部署,逐步形成并清晰勾勒的。从明确坚持"稳中求进"工作总基调到提出"由高速增长阶段转向高质量发展阶段",我们党领导着经济发展不断取得历史性成就。

8.1 2016 年:中国经济巨轮为何"稳中求进"①

2016 年 12 月召开的中央经济工作会议,延续了 2012 年中央经济工作会议以来"稳中求进"工作总基调。值得注意的是,2016 年会议首次将"稳中求进"上升为治国理政的重要原则,确定为做好经济工作的方法论。

党的十八大以来,党中央一直强调"稳中求进"总基调,这并不是简单重复,恰恰反映党中央在经济工作的指导中,对经济形势判断更加全面、宏观调控决策更加客观、工作思想方法更加成熟、经济政策框架逐步确立,更为有效认识、把握、引领经济发展新常态。

那么,如何认识"稳中求进"这一治国理政重要原则、经济工作方法论?这就要明确,"稳"的含义是什么?"稳"与"进"的关系是什么?中国之"稳"与世界之"稳"的关系是什么?

8.1.1 什么是"稳"

"稳"字当头,第一是"稳增长",宏观目标要稳、宏观政策要稳、宏观增长要稳。2017 年经济增长率保持 6.5% 以上,是实现"十三五"总体目标的核心与基础。当然并不是各地都要达到这一预期目标,因地制宜,发展快的地区要"力争上游"、暂时发展困难的地区要"坚守底线"。

---

① 此文系作者为 2016 年中央经济工作会议撰写的内部评论员文章,写于 2016 年 12 月。

第二是"稳就业",即城镇新增就业1000万人以上,城镇登记失业率在4.5%以内,这是"稳大局"的前提,也是经济增长的下限。2016年1—11月城镇新增就业已经达到1249万人,超过全年1000万人的预期目标,从中国经济的发展阶段以及就业结构变动趋势看,这项目标2017年也将提前超额完成[①]。

第三是"稳物价",从近几年的情况来看,物价保持在较低水平且十分稳定(1.4%~2%),对社会预期和经济运行提供了良好的宏观价格(成本)环境。这就需要注意控制2017年的货币发行和赤字规模,这不仅是"稳大局"的重要条件,还决定经济增长的上限。

第四,在当前世界"逆全球化"的背景下,"稳出口"有很大难度,这就是外部因素的不可测、不可预期、不可控制。但可以发展服务贸易。2016年1—10月,我国服务进出口总额42915亿元,同比增长16%,随着产业结构的升级,特别是高技术产业的发展,2017年服务进出口总额有可能进一步提高。

第五是"稳风险",就是降低经济运行的风险,这就要提高和改进监管能力、调节好货币闸门,防控金融风险和资产泡沫,确保不发生系统性金融风险;坚持去杠杆和降杠杆相结合,控制总杠杆率。

第六是"稳预期",稳定政策预期、稳定市场预期、稳定投资预期、稳定消费预期,就是稳住经济发展的"风向标"。只有坚持基本经济制度,坚持社会主义市场经济改革的方向,坚持扩大开放,才能提高政府公信力,稳定企业家信心,振兴实体经济。

第七是"稳社会",就是要保障民生兜底,提高食品安全,完善基本公共服务。这既是宏观经济稳定运行的前提条件,也是中国经济发展的必然要求。"社会稳"才能保证"经济稳","社会稳"更离不开"经济稳",两者互为条

[①] 2011年我国城镇新增就业1221万人,2012年1266万人,2013年1310万人,2014年1322万人,资料来源:国家统计局《国民经济和社会发展统计公报》(2011—2014年)。

件、相辅相成，这也是中央经济工作会议特别提出"稳是大局"的重要内涵。

8.1.2 "稳"的目的是什么

经济工作会议提出，"稳中求进"是做好经济工作的方法论，就是一切工作都要从这个要求出发，围绕这个要求去实施、去执行。但"稳"不是静止、更不是倒退，而是有所作为，更要奋发有为。稳是手段，进是目的；稳是条件，进是任务；稳定为了发展，发展才能更稳定。辩证把握"稳和进"、手段与目标的关系，才是充分发挥这一方法论的关键。

"求进"，其一是保持经济增长的"加法"。2016年中国经济增长率达到6.7%，在世界主要经济体中处于前列（仅低于印度的8.3%），提前四年实现党的十六大报告（2002年）提出的"国内生产总值到二〇二〇年力争比二〇〇〇年翻两番"的目标[1]，相当于2000年的4.27倍[2]；2017年经济增长率保持在6.5%以上，就能够提前三年实现党的十七大报告（2007年）提出的"人均国内生产总值到二〇二〇年比二〇〇〇年翻两番"的目标[3]，相当于2000年的4.62倍[4]。这为实现党的十八大报告（2012年）"两个翻一番"奠定了基础，这是中国发展目标、发展战略、发展政策、发展实践的成功标志，也是中国在世界经济背景下"乱云飞渡仍从容"的重要原因。

其二是放大优化经济结构的"乘法"，发挥创新对拉动发展的乘数效应。2016年前11个月，高技术制造业增加值增长10.6%，战略性新兴产

---

[1] 《江泽民在中国共产党第十六次全国代表大会上的报告》，http://www.gov.cn/govweb/test/2008-08/01/content_1061490_4.htm，访问日期为2022年12月16日。

[2] "相当于2000年的4.27倍"。按照世界银行统计，按2017年国际元不变价格计算，中国GDP总量为4.36万亿（国际元），2016年为18.6万亿（国际元）。数据来源：https://data.worldbank.org/indicator/NY.GDP.MKTP.PP.KD?locations=CN。

[3] 《胡锦涛在中共第十七次全国代表大会上的报告全文》，http://www.gov.cn/govweb/ldhd/2007-10/24/content_785431_4.htm，访问日期为2022年12月16日。

[4] 按照世界银行统计，按2017年国际元不变价格计算，中国人均GDP2000年为2917.2（国际元），2016年为13483.4（国际元）。数据来源：https://data.worldbank.org/indicator/NY.GDP.PCAP.PP.CD?view=chart&locations=CN。

业对整体工业增长贡献率达到30%。2017年要加快壮大新发展动能，持续推动传统产业转型，促进高端服务经济的大力发展，以农业结构性改革推动一二三产业融合发展。提升资源要素的聚集效应，不断提高研发支出密度、人力资本投资密度、环保投资密度、经济地理密度、基础设施密度。

其三是加快供给侧结构性改革的"减法"。2016年，在去产能、钢煤这两个重点领域已经提前超额完成任务；去库存，3月以来全国商品房待售面积连续几个月减少；去杠杆，10月末工业企业负债率56.1%，比上年同期下降0.7个百分点；降成本，10月规模以上工业企业每百元主营业务收入成本85.731元，比上年同期下降0.13元①，2017年就要扩大改革成果，推动"三去一降一补"取得实质性进展。

其四是实现降低能源消耗密度、资源消耗密度的"除法"。2016年前三季度，单位国内生产总值能耗同比下降5.2%，提前实现全年下降3.4%的约束性指标；单位GDP碳排放同比下降6%，提前实现全年下降3.9%的约束性指标。2016年4项主要污染物（化学需氧量、氨氮、二氧化硫、氮氧化合物）排放量下降，以前三季度数据估计，将超额完成全年约束性指标。特别需要指出，原煤产量同比下降10.5%，中国自2015年二氧化碳排放量连续负增长。2017年要坚持绿色循环低碳发展，为实现2020年生态环境质量总体改善目标创造条件。

总之，工作"稳中求进"，就是要实现经济"稳中向好"，在经济增长中提高三个效益：一是经济效益，即城乡居民收入增长、劳动生产率提高、创新驱动作用增强、经济结构优化；二是社会效益，更多地消除贫困、实现就业、改善民生、提高城乡收入，保持社会大局的稳定；三是生态效益，节能减排效果持续超过约束性指标，环境质量不断改善，生态文明建设取得重要

---

① 数据来自新华网，时任国家发展和改革委员会副主任、国家统计局局长宁吉喆12月17日"中国经济年会"的发言。

进展。

8.1.3 中国"稳",世界"稳"

从 2016 年中央经济工作会议来看,只有铸好"稳"字当头的发展大局,筑牢中国经济的"四梁八柱",才能更快地推动供给侧结构性改革的"加减乘除",更好地发挥改革的牵引作用,引导经济朝着更高质量、更有效率、更加公平、更可持续的方向发展。"十三五"时期,国内外发展环境更加错综复杂,中国这艘经济巨轮,只有在以习近平同志为核心的党中央指引下,继续"稳中求进",才能"行稳致远",从容"乘风破浪"。

中国宏观经济稳定不仅是全国性公共产品,在全球化背景下已经成为全球性公共产品。中国作为世界经济巨轮,无论按购买力平价法还是汇率法,2016 年占世界比重超过 15%,对世界经济增长的贡献率在 30% 左右,货物出口额占世界比重超过 14%。世界经济需要中国这个"稳定器",世界贸易需要中国这个"加速器",世界创新需要中国这个"发动机",全球治理需要中国这个"担当者"。

中国经济巨轮"行稳致远",成为名副其实的世界经济"压舱石"。

8.2 2017 年:中国经济开启高质量发展之路[①]

2017 年是实施"十三五"规划的重要一年,是供给侧结构性改革的深化之年,是党的十九大胜利召开之年,为世界瞩目。党的十九大明确指出,我国经济已由高速增长阶段转向高质量发展阶段。

可以说,2017 年我国引领新常态的动能基本形成,转型发展的态势逐渐稳固,成为开启高质量发展之年,主要标志如下。

---

① 本文写于 2017 年 12 月 17 日,发表于《人民日报(理论版)》,2018 年 1 月 22 日。

第八章
以新发展理念驱动我国实现高质量发展

经济增长超过预期。我国2017年GDP增速6.9%，GDP达到82.71万亿元[①]，增速在世界主要经济体中居于前列，明显高于美国（2.3%）、欧盟（2.8%）、德国（2.7%）、英国（2.1%）和日本（1.7%）等发达经济体，也高于印度（6.8%）、印度尼西亚（5.1%）等新兴经济体[②]。按不变价格计算，2017年我国GDP总量相当于2000年的4.27倍[③]，超过了党的十六大报告（2002年）提出的GDP到2020年翻两番的目标，达到了党的十八大报告（2012年）提出的GDP到2020年比2010年翻一番的目标的83.2%，只要其后三年经济增速保证6.3%以上即可实现这一目标；2017年人均GDP相当于2000年的4.13倍，提前三年实现党的十七大报告提出的人均GDP到2020年翻两番的目标。

经济效益持续提升。企业盈利水平不断提高，正向质量效益型转变，2017年，规模以上工业企业利润同比增长21%[④]，服务业企业利润增速达到24.5%[⑤]；中央企业利润总额同比增长15.2%，经济效益的增量和增速均为五年来最好水平[⑥]；企业杠杆率持续降低，2017年年末，规模以上工业企业的资产负债率为55.5%，比上年同期降低0.6个百分点。其中，国有控股企

---

① 全年实际国内生产总值827122亿元——数据来源：《中华人民共和国2017年国民经济和社会发展统计公报》，新华网，2018-02-28，https://baijiahao.baidu.com/s?id=1593656271082733578&wfr=spider&for=pc。

② 数据来源：https://data.worldbank.org/indicator/NY.GDP.MKTP.KD.ZG?locations=US。

③ "相当于2000年的4.27倍"。按照世界银行统计，按2017国际元不变价格计算，中国GDP总量2000年为4.36万亿（国际元），2016年为18.6万亿（国际元）。数据来源：https://data.worldbank.org/indicator/NY.GDP.MKTP.PP.KD?locations=CN。

④ 《统计局解读2017年工业企业利润数据》，http://www.gov.cn/xinwen/2018-01/26/content_5260860.htm。

⑤ 全年规模以上服务业企业实现营业利润23645亿元，比上年增长24.5%。数据来源：《中华人民共和国2017年国民经济和社会发展统计公报》，国家统计局。发布时间：2018-02-28，http://www.stats.gov.cn/tjsj/zxfb/201802/t20180228_1585631.html。

⑥ 2017年中央企业实现利润14230.8亿元，首次突破1.4万亿元，较上年增加1874亿元，同比增长15.2%，经济效益的增量和增速均为五年来最好水平。数据来源：《沈莹：去年98家央企利润首破1.4万亿 增长15.2%》，国务院国有资产监督管理委员会，发布时间：2018-01-17，http://www.sasac.gov.cn/n2588025/n2643314/c8492129/content.html。

业资产负债率为60.4%,比上年同期降低0.9个百分点①。经济运行质量逐步提升。

经济动力转换显著。一是消费对经济增长发挥了主要拉动作用,2017年,消费贡献率达到58.8%,成为国内需求第一驱动力②;二是投资保持稳定增长,投资结构进一步优化,2017年,固定资产投资同比增长7.0%,基础设施投资同比增长19%③,医疗、养老、教育、文化、体育等社会领域投资同比增长17.2%,高技术制造业投资比上年增长17%④,高技术制造业增加值增长13.4%⑤;三是出口结构不断优化,技术密集型的机电产品出口比上年增长12.1%,占货物出口总额比重达到58.4%⑥,高铁、海洋设备、核电装备、卫星等高端制造装备业成为我国新的出口优势行业,推动外贸进出口持续向好。消费与高技术产业已成为经济增长的"压舱石",稳定宏观经济、提

---

① 2017年末,规模以上工业企业资产负债率为55.5%,比上年降低0.6个百分点。其中,国有控股企业资产负债率为60.4%,比上年降低0.9个百分点。数据来源:《统计局解读2017年工业企业利润数据》,中国人民共和国中央人民政府,http://www.gov.cn/xinwen/2018-01/26/content_5260860.htm。

② 全年最终消费支出对国内生产总值增长的贡献率为58.8%,资本形成总额贡献率为32.1%,货物和服务净出口贡献率为9.1%。数据来源:《中华人民共和国2017年国民经济和社会发展统计公报》,国家统计局。http://www.stats.gov.cn/tjsj/zxfb/201802/t20180228_1585631.html。

③ 全年全社会固定资产投资641238亿元,比上年增长7.0%。其中固定资产投资(不含农户)631684亿元,增长7.2%……基础设施投资140005亿元,增长19.0%,占固定资产投资(不含农户)的比重为22.2%。数据来源:《中华人民共和国2017年国民经济和社会发展统计公报》,国家统计局,http://www.stats.gov.cn/tjsj/zxfb/201802/t20180228_1585631.html。

④ 2017年,高技术制造业投资比上年增长17%,社会领域投资增长17.2%,增速分别比固定资产投资(不含农户)快9.8和10个百分点。数据来源:《内需挑大梁支撑中国经济发展》,国家统计局,http://www.stats.gov.cn/xxgk/jd/sjjd2020/201804/t20180410_1764602.html。

⑤ 高技术制造业增加值增长13.4%,占规模以上工业增加值的比重为12.7%。数据来源:《中华人民共和国2017年国民经济和社会发展统计公报》,国家统计局,http://www.stats.gov.cn/tjsj/zxfb/201802/t20180228_1585631.html。

⑥ 2017年我国货物出口总额为153321亿元,其中机电产品出口金额为89465亿元,数据来源:《中华人民共和国2017年国民经济和社会发展统计公报》,国家统计局,http://www.stats.gov.cn/tjsj/zxfb/201802/t20180228_1585631.html。比上年增长12.1%,数据来源:《中华人民共和国2017年国民经济和社会发展统计公报》,国家统计局,http://www.stats.gov.cn/tjsj/zxfb/201802/t20180228_1585631.html。

高居民福祉的作用进一步凸显。

产业结构正在迈向中高端。前三季度,服务业增加值同比增长7.8%,对经济增长贡献率高达58.8%;中高端产业加速增长,1—11月高技术产业、装备制造业增加值的增速分别在13.5%和11.4%以上,高出规模以上工业企业一倍左右;产业发展水平正向质量提升转化,"中国制造2025"成果显著,以"复兴号"为代表的先进轨道设备、以"华龙一号"为代表的第三代核电技术等高端技术在内的高端装备制造业已达到国际领先水平,相关产品成功进入国际高端市场,2017年我国工业机器人产量突破12万台,同比增长近70%[1],占全球比例约1/4,居世界第一位;C919大型客机成功首飞等标志性重大产业创新不断涌现,标志着我国制造业向价值链的中高端加速迈进,拉开了进军世界制造强国序幕。

数字经济新动能、新红利更加凸显[2]。我国已经成为世界数字用户最大国、移动支付最大国,2017年我国移动支付交易规模超过200亿元,稳居世界网络(支付)大国地位[3]。截至2017年12月,我国网民规模达到7.72亿人,占全球网民总数的1/5,互联网普及率为55.8%,手机网民规模达7.53亿人[4]。我国已经建成了全球规模最大的4G网络,用户平均体验速率达到13.5兆比特/秒[5],2017年我国全球网速排名跃居第21位,位于法国(23

---

[1] 实际工业机器人产量13万台(套),增长81.0%。数据来源:《中华人民共和国2017年国民经济和社会发展统计公报》,http://www.stats.gov.cn/tjsj/zxfb/201802/t20180228_1585631.html。

[2] 数据来源:《国家统计局统计科学研究所所长万东华解读我国经济发展新动能指数》,http://www.stats.gov.cn/xxgk/jd/sjjd2020/201811/t20181123_1765098.html。

[3] 《数字中国建设发展报告(2017年)》显示数字中国建设发展取得明显成效,2017年全年信息消费规模达4.5万亿元,移动支付交易规模超过200万亿元,居全球第一。数据来源:《2017年中国移动支付超200万亿居全球第一 网民规模已达7.72亿》,https://baijiahao.baidu.com/s?id=1600053763672338669&wfr=spider&for=pc。

[4] 数据来源1:《CNNIC报告:手机网民规模达7.53亿,手机支付用户规模5.27亿》,https://www.mpaypass.com.cn/news/201802/02090036.html。数据来源2:《网民规模已达到7.77亿!数字经济时代中国如何加速前行》,https://baijiahao.baidu.com/s?id=1601671752396686277&wfr=spider&for=pc。

[5] 数据来源:《十八大以来新发展新成就》,人民出版社2017年出版。

位)、英国 (26 位) 和德国 (27 位) 之前①。数字经济新动力创造了三大数字红利：一是直接促进消费增长红利，2017 年，我国电子商务交易额为 29.16 万亿元，同比增长 11.7%，网上零售额达 7.18 万亿元②，同比增长 32.2%，比社会消费品零售总额增速高 22 个百分点③，极大拉动了市场消费；二是创造数字经济红利，深入推进"互联网+"行动和国家大数据战略，全年共享经济规模达 27.2 万亿元，基于互联网、云计算和大数据等数字技术驱动的数字经济总产值与 GDP 之比高达 32.9%，对 GDP 贡献已达 70%④，数字经济已成为新的经济支柱产业；三是创造数字就业创业红利，带动大众创业和线上线下业态融合发展，2017 年，全国淘宝村数量达到 2118 个，淘宝镇 242 个，淘宝村活跃网店超过 49 万个，带动直接就业机会超过 130 万个⑤，带动在线医疗、在线教育、餐饮外卖、旅游出行等新型消费模式爆发式增长，成为名副其实的新经济增长点。

经济创新力和竞争力不断增强。根据世界知识产权组织《全球创新指数》报告，我国从 2012 年的第 34 位上升到 2017 年的第 22 位，跨入世界创新国家

---

① 数据来源：《全球网速排名：新加坡第一、中国内地位列 21 位 西方发达国家不抢眼》，https：//www.guancha.cn/industry – science/2018_01_09_442366.shtml。

② 《中国电子商务发展报告 2017》显示，2017 年中国电子商务交易规模继续扩大并保持高速增长态势。全年，中国电子商务交易额达 29.16 万亿元，同比增长 11.7%。2017 年，中国网上零售达 7.18 万亿元，同比增长 32.2%；电子商务服务业营收规模达 2.92 万亿元，同比增长 19.3%。数据来源：《2017 年中国电子商务交易额超 29 万亿元》，https：//baijiahao.baidu.com/s?id = 1601791777070123207&wfr = spider&for = pc。

③ 数据来源：《国家统计局统计科学研究所所长万东华解读我国经济发展新动能指数》，http：//www.stats.gov.cn/xxgk/jd/sjjd2020/201811/t20181123_1765098.html。

④ 《数字中国建设发展报告（2017 年）》显示，2017 年我国数字经济规模达 27.2 万亿元，同比增长 20.3%，占 GDP 的比重达到 32.9%，成为驱动经济转型升级的重要动力引擎。数据来源：《2017 年中国移动支付超 200 万亿居全球第一 网民规模已达 7.72 亿》，https：//baijiahao.baidu.com/s?id = 1600053763672338669&wfr = spider&for = pc。

⑤ 2017 年，全国淘宝村数量已达 2118 个，淘宝镇达 242 个，淘宝村活跃网店超过 49 万个，带动直接就业机会超过 130 万个。数据来源：《2017 年全国淘宝村数量突破 2100 个 淘宝镇达 242 个》，http：//www.xinhuanet.com/politics/2017 – 12/10/c_1122085668.htm。

行列。2017年国内发明专利申请量将突破127万件,仍连续居世界第一位[①],PCT(专利合作条约)申请量超过4.6万件,跃居世界第二位,专利质押融资同比增长65%,国内有效发明专利拥有量突破120万件。在《2017全球最具价值品牌世界500强》中,我国拥有56个世界500强品牌,占整体的11.2%,跃居世界第2位,其中共有16家中国品牌跻身前100位。正如世界知识产权组织总干事高锐高度评价:中国正逐渐成为全球创新和品牌塑造方面的引领者。在人工智能这一当今世界各国激烈竞争的尖端科技领域,中国已经成为与美国同步的并行者。据世界几大文献出版社之一爱思唯尔(Elsevier)统计,在前100位的人工智能研究机构中,美国占30家,中国占15家,日本只有1家,中国科学院在这一领域的论文被引用数量排在世界第三。此外,在基础物理、干细胞、纳米研究、空天、深海和深地、超级计算机和重大科技基础设施领域,以及天地一体化信息网络、量子通信和量子计算机、脑科学与类脑研究等重大前沿领域,中国已经或正在打造先发优势[②]。技术交易额超过1.25万亿元,与GDP之比提高至1.56%,反映了科技产出的"真金白银"。全年科技进步贡献率将上升到57.1%,创新对发展的支撑作用明显增强[③]。

  社会发展稳步推进。就业是最大的民生,我国一直是世界创造新增就业最多的国家,也是少有的实现充分就业目标的国家之一。从国际金融危机爆发至今,全球最大的挑战就是高失业,失业率维持在5.8%左右,失业人数超过2亿人。2017年1—10月我国城镇新增就业人口数就达到1191万人,已超过年初全年新增1100万以上的就业预期目标,前三季度城镇登记失业率为3.95%,也低于全年控制在4.5%以内的预期目标。收入是最实在的获得感,

---

  ① 2017年国内实际发明专利申请量138.2万件。数据来源:《中华人民共和国2017年国民经济和社会发展统计公报》,http://www.stats.gov.cn/tjsj/zxfb/201802/t20180228_1585631.html。
  ② 数据来自人民出版社于2017年出版的《十八大以来新发展新成就》一书。
  ③ 2017年我国科技进步贡献率上升到57.5%。数据来源:《政府工作报告》,http://www.xinhuanet.com/politics/2018lh/2018-03/22/c_1122575588.htm?baike。

大国经济

2017年前三季度全国居民人均可支配收入增长9.1%，城乡居民人均可支配收入分别增长8.3%和8.7%，也超过年初收入增长与经济增长基本同步的预期目标，我国仍属于世界居民收入增长最快的国家。2017年全面推行居住证制度取得重要进展，在2016年1600万人进城落户的基础上，再增加1600万人，共计3200万人，创下了新纪录，户籍人口城镇化率超过41%。

生态文明建设成效显著。节能减碳目标提前实现，前三季度单位国内生产总值能耗同比下降3.8%，提前实现了全年下降3.4%的约束性指标；单位GDP碳排放同比下降，碳强度进一步下降4%左右，提前实现了全年下降3.9%的约束性指标，并有望超额完成2020年控制温室气体排放的行动目标；主要污染物排放持续减少，4项主要污染物（化学需氧量、氨氮、二氧化硫、氮氧化物）排放量下降将超额完成全年约束性指标。生态产品生产能力明显提升，环保装备制造业产值五年来平均增速20%以上，2017年该产业实现产值7400亿元。形成节能能力3578万吨标准煤和年减排9590万吨[1]。2017年我国森林覆盖率达到21.66%，我国成为全球森林资源增长最快的国家，全年林业产业总产值突破7万亿元。根据国际能源署发布的《世界能源展望2017中国特别报告》，中国能源结构逐步转换到清洁发电，越来越多依赖可再生能源、天然气和电力，煤炭需求持续回落，这意味着中国将进入绿色能源时代、经济发展去煤炭化时代，带动全球碳排放负增长。

中国成为世界最大的市场主体，是世界最具创业活力的国家。2014年起的商事制度改革给全国投资创业带来明显的制度红利。截至2017年第三季度末，全国实有企业总量2907.23万户，注册资本（金）总额274.31万亿元，相当于2017年GDP的3.3倍，中国已经是世界最大实业资本之国。其中实有私营企业2607.29万户，注册资本165.38万亿元，分别占企业总量的89.7%和60.3%。中国出现了前所未有的留学生"回国潮"，学成回国留学人员比例已超过80%，年均突破40万人，中国也出现了前所未有的来华留学热潮，年均

---

[1] 数据来自人民出版社于2017年出版的《十八大以来新发展新成就》一书。

突破 40 万人，来华访问的专家技术人才等年均突破 90 万人，中国正成为世界重要的人才回流与人才吸引之国。据美国皮尤研究中心调查，如今中国在全球受欢迎程度正在逐渐赶超美国。中国之所以成为世界最大的经济体之一，正是因为中国已经成为世界最大的"企业王国"，也成为世界最大的"创业国度"。

中国的减税费努力为世界瞩目。在全球最令人关注的企业减税费浪潮中，中国已带头先行一步，取得明显效果。2017 年国务院政府工作报告明确提出，在 2016 年降低企业税负 5700 多亿元的基础上，2017 年再减少企业税负 3500 亿元左右、涉企收费约 2000 亿元，总计 11200 亿元，相当于 1700 亿美元，实际上已经超过美国减税法案年均减税 1400 亿美元的规模，这也是世界最大的减税负行动。

中国经济发展的亮点就是世界的亮点。2017 年中国经济发展的最大亮点，就是为世界提供重要动力，发挥了世界经济贸易双复苏的领头羊作用。世界经济增长率将从上年的 2.4% 达到 2.7%，2017 年中国 GDP 占世界总量比重将从上年的 14.81% 提高至 15.40%，对全球经济增长贡献率达到 37%。世界贸易组织预测，2017 年全球货物贸易量增速将达 3.6%，明显高于 2016 年的 1.3%。2017 年 1—11 月我国进出口总额达到 25.14 万亿元，同比增长 15.6%，全年我国货物进出口贸易增长 15% 以上，我国货物进出口贸易占世界总量比重从上年的 11.45% 提高至 12.71%，对全球贸易增长贡献率在 45% 以上。

总而言之，长达十年的国际金融危机全过程，已清楚地证明了这样的基本事实：中国稳、世界稳；中国进、世界进；中国好、世界好。中国从来没有像今天进入世界舞台中心，也从来没有像今天成为世界经济增长动力之源和稳定之锚。中央政治局会议作出了明确的战略部署，推动高质量发展已是当前和今后一个时期确定发展思路、制定经济政策、实施宏观调控的根本要求。这是经济发展规律必然阶段和客观需求，也决定了今后中国将全面创新、全面深化改革、全面参与全球竞争，开启高质量发展之路。

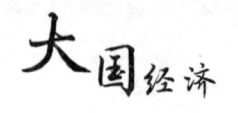

8.3 2018年：三大政策体系推动高质量发展[①]

2018年是全面贯彻党的十九大精神的开局之年，全党全国落实党的十九大作出的战略部署，坚持稳中求进工作总基调，按照高质量发展要求，有效应对外部环境深刻变化，保持了经济持续健康发展和社会大局稳定，朝着实现全面建成小康社会的目标迈出新的步伐。取得了来之不易的发展成果。

2019年是新中国成立70周年，是全面建成小康社会关键之年。中国经济巨轮面临怎样的战略发展机遇？中国2019年经济社会发展的重点任务和政策支撑当如何布局？2018年12月21日闭幕的中央经济工作会议指明了清晰的方向。

8.3.1 2019年是中国经济社会发展新的战略机遇期

党的十九大作出重要判断，中国经济已由高速增长阶段转向高质量发展阶段。

2018年中央经济工作会议，不仅延续了2016年首次提出的"稳中求进"工作总基调，更强调"经济运行稳中有变、变中有忧，外部环境复杂严峻"，明确提出要"紧扣重要战略机遇新内涵"，这说明，当前我国经济社会发展既面临重大挑战期又面临重要机遇期，能否顺利跨越中等收入陷阱、实现全面建成小康社会的目标，关键在于能否抓住世界经济发展大势，化危为机、转危为安。

2018年中央经济工作会议对战略机遇期新内涵的提出，是国际、国内条件发展的综合结果，至少包括以下几个方面。

（1）国际政治格局上，周边和国际环境总体上对中国相对有利。和平与

[①] 此文系作者为2018年中央经济工作会议撰写的内部评论员文章，写于2018年12月。

发展仍是当今世界的主流。党的十八大以来，我国全面推进特色大国外交，形成全方位、多层次、立体化的外交布局，为我国发展营造了良好外部条件。实施共建"一带一路"倡议，举办亚太经合组织领导人非正式会议、G20杭州峰会、金砖国家领导人厦门会晤、亚信峰会，倡导构建人类命运共同体，中国国际影响力、感召力、塑造力进一步提高，中国仍处于一个较长时期的和平发展大环境。

（2）国际经济格局上，全球化仍然是21世纪世界大势所趋，更好利用"两个市场、两种资源、两个大局"为中国带来了广泛参与国际分工、合作及利用境外资源和市场的新的机遇。特别是随着全球南方国家迅速兴起，即便存在逆全球化与周期性过渡缓冲期，全球化发展的大方向和主旋律不会变。

（3）以数字技术、信息经济为依托的新科技革命的兴起，使我国面临生产力跨越式发展的历史机遇，包括科学技术尤其是数字经济的迅猛发展，不仅是未来全球经济增长的重要驱动力，也为商业及创业活动提供新机遇、新模式、新业态、新渠道；同时，中国作为第一大贸易国、第二大对外投资国、全球经济增长最大贡献者，将更加积极参与全球投资和贸易体系，推动全球范围内的产业转移和资源重新配置，引导全球化朝着更有活力、更加包容、更可持续的方向发展，让全球化更好地惠及每个国家、每个民族。

国内改革开放四十多年的巨大发展，也为迎接战略机遇期准备了必要的内因。

第一，中国经济增长稳定并超过预期，始终保持世界前列，显示出强劲的增长动力和可持续发展后劲，为第一个百年奋斗目标的实现奠定了坚实的基础。按不变价格计算，2017年中国GDP相当于2000年的4.54倍，大大超过党的十六大报告提出的GDP到2020年翻两番的目标；2018年人均GDP相当于2000年的4.15倍，提前三年实现党的十七大报告提出的人均GDP到2020年翻两番的目标，为进一步发展打下了坚实的物质基础。

第二，几十年的改革开放，主要领域"四梁八柱"性改革全面铺开，完善了现代市场经济的基础性制度,开创了中国特色社会主义道路的新里程,稳定的经济社会环境为一个新的发展时期提供了必要的制度保证。

第三,30年(自1993年)的宏观调控政策体系逐步成型,党的十八大以来,以习近平同志为核心的党中央,从如何认识、适应和引领新常态开始,初步确立了与发展新常态相关的经济政策体系,形成了以新常态为总逻辑、新发展理念为总引领、发挥市场决定性作用为总核心、稳中求进为工作总基调、供给侧结构性改革为主线的政策框架,成为中国经济巨轮行稳致远的重要保障。

第四,党的十九大以来,围绕推动高质量发展这一根本要求,宏观经济政策措施逐步转型,更加关注经济发展质量的提高和资源配置的优化,中国创新动力更加强劲,创新指数世界排名从2012年的第34位上升到2017年的第22位,跨入世界创新型国家行列[1],中国的经济结构、地区结构和收入结构更加协调,最终消费支出对经济增长贡献的"压舱石"作用更加显现[2],三大战略加快推动区域协同,中国是世界创造新增就业最多和居民收入增长最快国家之一,已形成世界最大中等收入群体,生态环境改善显著,中国发展的生态底色更加亮丽。

可以说,党中央强调抓住战略机遇期,就是要认识国内外形势的发展大势,抓住我国高质量发展的新全球化机遇期、科技创新机遇期、绿色发展机遇期、产业转型机遇期、企业发展机遇期、对外开放机遇期。

但更需要看到,机遇还不是现实。机遇期不是保险期。为了清醒把握和抓住机遇,必须充分估计困难和风险,更要有所作为、顺势而为,加快经济

---

[1] 根据世界知识产权组织(WIPO)2022年9月29日发布《2022年全球创新指数报告》显示,中国排名第11,较2021年再上升1位,连续十年稳步提升,位居36个中高收入经济体之首。资料来源:《〈2022年全球创新指数报告〉:中国排名连续十年稳步提升》,http://www.xinhuanet.com/fortune/2022-09/30/c_1129043598.htm。

[2] 根据国家统计局初步核算数据显示,2022年我国最终消费支出、资本形成、货物和服务净出口分别拉动经济增长1个、1.5个和0.5个百分点,贡献率分别为32.8%、50.1%和17.1%。资料来源:http://www.xinhuanet.com/fortune/2023-01/18/c_1129294943.htm。

结构优化升级，提升科技创新能力，深化改革开放，加快绿色发展，参与全球经济治理体系变革，变压力为加快推动经济高质量发展的动力。

8.3.2 2019年是我国经济政策体系更加完善的成熟期

党的十八大以来，党中央对经济形势判断更加准确、宏观调控决策更加客观、工作思想方法更加成熟、经济政策框架更加详备，逐步形成了新形势下经济工作的规律性认识，即这次中央经济工作会议提出的"5个必须"——必须坚持党中央集中统一领导，发挥掌舵领航作用；必须从长期大势认识当前形势，认清我国长期向好发展前景；必须精准把握宏观调控的度，主动预调微调、强化政策协同；必须及时回应社会关切，有针对性主动引导市场预期；必须充分调动各方面积极性，形成全局工作强大合力。

可以说，我国经济政策体系进入成熟期，这成为我国新发展时期应对新战略挑战、抓住新战略机遇的最大政策体系保障。2018年中央经济工作会议，对2019年经济工作提出了新的要求。更加强调全面正确把握宏观政策、结构性政策、社会政策取向，更需要注重国际政策的协调与互动。

宏观政策协调配合，着眼结构调整，引领高质量发展。一方面，积极的财政政策持续发力。2018年，减税降费力度加大，制造业等多个行业增值税率调降1个百分点，增值税降速明显，大幅降低纳税人负担；依托供给侧结构性改革主线，财政支出结构优化，2018年，教育、社会保障与就业、城乡社区等民生项目公共预算支出位列前三，科学技术、农林水、节能环保等重点领域增幅居前。另一方面，货币政策稳健中性，去杠杆取得初步成效。货币供给增速放缓，普惠金融发力加强"三农"、小微等领域扶持力度，信贷总量、结构与实体经济协调发展，信贷快速扩张带来的风险有效控制；货币政策工具不断探索创新，支持特定领域发展，发挥结构性调整及金融监管作用。此外，金融监管改革稳步推进，银保监会充分发挥金融混业经营、综合经营趋势中市场监管的作用，有效加强宏观审慎监管和系统性风险防范,保障金融体系稳定。2019年,宏观经济政策将强化逆周期调节,实施更大规模的减税降费、加强地方政府债务管理,同时强调货币政策"松紧适度",保障流动性合理充裕,有效缓解企业融资难、融资贵的问题。

社会政策托底,加强民生保障,助力高质量发展。居民人均可支配收入稳步增长,2018年前三季度,城镇居民人均可支配收入累计29599元,较2013年同期增长146.75%,农村居民人均可支配收入10645元;脱贫攻坚政策体系建立完善,精准扶贫成效显著,2013—2017年,农村脱贫人口近7000万人,贫困发生率从8.5%下降至3.1%;就业扶持力度加强,居民自主创业门槛降低,经济增速放缓的同时就业人口不断增加;社会保障体系不断完善,养老保险制度覆盖全国,农村医疗保险改革不断深化;环境质量得以改善,污染防治与执法监管力度加强,生态文明体制的"四梁八柱"初步建立;房地产市场健全长效调控机制,坚持"房子是用来住的,不是用来炒的"定位,落实地方主体责任,建立多主体供给、多渠道保障、租购并举的住房制度,房价过快上涨得到有效控制。2019年,社会政策将进一步强化兜底保障功能,实施就业优先,为高质量发展创造良好的社会环境。

国际政策协调,促进全球对话,推动高质量发展。2017年,中国货物贸易总额41045亿美元,占世界贸易总额的12.8%,位于全球贸易首位;对外直接投资流量1582.9亿美元,位居世界第二,对外直接投资存量18090.4亿美元,位居世界第二;中国与世界其他国家的发展正紧密联系在一起,中国经济的全球影响力越来越强。近年来,"一带一路"倡议取得了丰硕成果,举办"一带一路"国际合作高峰论坛、强化与各国战略对接和政策沟通、推进设施联通及经贸合作等,有力地促进了我国经济社会发展和对外开放,提升了我国的国际影响力和话语权,未来也将着力推动共建"一带一路"倡议向高质量发展转变。在全球治理方面,中国作为主席国举办了2016年G20杭州峰会,有效地推动了G20由危机应对向全球经济长效治理机制转型,从关注短期政策向更多关注结构性改革转变,为促进世界经济增长、完善全球经济治理注入了独特有效的中国方案。2019年,中国适应新形势、把握新特点,推进落实更高水平的对外开放。

2019年是新中国成立70周年,是全面建成小康社会关键之年,做好经济工作至关重要。过去的几年中,中国经济已逐渐摆脱粗放式发展模式,转向追求高质量发展模式。中国经济由过去强调经济增长到更加关注结构优化和效率提高,社会政策以切实增强人民群众获得感、幸福感、安全感为出发点,增强百姓民生保障,对外开放的不断加强更使得中国的全球影响力大大提升。然而正如2018年中央经济工作会议指出,我国发展仍处于并将长期处于重要战略机遇期,世界面临百年未有之大变局。中国经济发展不断面临新的挑战。

8.4 面向2050:坚持高质量发展 建成世界现代化经济强国

党的十九大报告确立了习近平新时代中国特色社会主义思想,完整地提出新时代十四条基本方略。其中,"一个中心,五大发展"理念是统领新时代发展的新理念,是习近平总书记提出的中国发展思想和发展真理。"一个中心,五大发展"是新时代中国特色社会主义经济思想的核心,坚持"以人民为中心"的发展思想,是解决为谁发展的问题;坚持"五大发展理念"推动高质量发展,是解决如何发展的问题,是指导中国经济工作与宏观调控的主线。更为重要的是,党的十九大报告明确全面建设社会主义现代化国家及其"两步走"战略安排,完整擘画了我国社会主义现代化建设的时间表、路线图,到2035年基本实现社会主义现代化,到本世纪中叶建成富强民主文明和谐美丽的社会主义现代化强国,届时,中国也一定会成为世界经济现代化强国,为人类作出新的更大的贡献。

8.4.1 高质量发展的理论内涵

从高速增长阶段转向高质量发展阶段,不仅是以习近平同志为核心的党中央关于新时代我国经济社会发展所处历史方位和所遵循基本路径的重大政治判断，是新时代经济工作的总依据，也是针对经济学研究提出的崭新复杂命题。它有着深刻的马克思主义政治经济学理论基底，符合中国经济社会发展的阶段特征，也有着通过指标体系来考量的科学依据和依靠政策体系来推动的实践基础。

- 以人类发展本真为追求

从经济学的基础理论看，所谓质量，是指产品能够满足实际需要的使用价值特性。进入高质量发展新时代，体现经济发展的本真性质，对满足人民日益增长的美好生活需要的使用价值面即供给侧的关注。发展质量的高低，最终是以经济发展能否满足人民日益增长的美好生活需要为判断准则，而美好生活需要绝不仅仅是单纯的物质性要求，而将越来越多地表现为人的全面发展的要求。

从需求方面看，无论是高速增长还是高质量发展，生产的最终目的是满足人民的需要，即需求的产生根本取决于商品的使用价值而不仅仅是交换价值，因此随着收入水平的提升和经济发展，决定产品需要的因素就不仅仅来自交换价值（价格水平）高低的比较，更依赖于使用价值（质量）高低的考量。即人们对商品需求会发生从"有没有"到"好不好"的决策变化。

从生产方面看，人类从事生产活动，归根结底当然是为了获得使用价值，以满足人的真实需要。这是一个再朴素不过的常识性事实。而随着真实需要的不断提升（从"有没有"到"好不好"）和生产能力的相应提高（不断提高利润水平的资本冲动）①，产品的使用价值性能也不断提升，这也是经济活动的原初的本真性。

高质量发展所体现的对人类发展本真的追求，与中国共产党人在政治上的"不忘初心"是内在统一的。总而言之，高质量发展的中心，在改革层面，是经济改革方向的"不忘初心"，是改革任务从"社会主义本质是发展生产

---

① 生产和提供产品的供给者众多，卖方的产品交换价值要得以实现，必须要有更具优势的性价比，才能在竞争中战胜对手完成交易过程，这可以称为质量的竞争力，即同竞争对手相比较的质量优势。很显然，质量合意性决定质量竞争力。质量竞争力决定产品的价值实现。

力"到"为谁发展生产力"的第二次思想飞跃；在经济层面，实质上就是要在生产力高度发达的基础上实现工具理性与人类价值目标的契合，这体现了经济发展的本质属性，对满足人民日益增长的美好生活需要的使用价值面即供给侧的关注。

- **以新发展理念为引领**

高质量的发展，就是能够更好满足人民不断增长的实际需要的经济社会发展方式、结构和动力状态。这种新动力机制的供给侧是创新引领，需求侧则是人民向往。这种新动力机制的内在要求就是市场经济工具理性与经济发展本真理性的有效契合。

从需求方面来看，一般来说，物质技术性能越高，产品质量也越高，其质量合意性和竞争力也越强。但经济学所定义或关注的产品质量也绝不仅仅取决于产品的物质技术性质。在经济学意义上，产品质量是相对于满足人的实际需要而言的，如果没有人的实际需要，就没有所谓的产品质量，而满足人的实际需要的最重要途径就是促进经济系统创新能力的不断提高。改革开放所开启的长达几十年的高速增长时代，其主攻方向是解决经济产出即产品和服务的供给短缺问题。在这一阶段，市场经济对激发社会生产力产生了重要作用，GDP、利润等经济关系中的数量性目标成为物质主义价值观下的主要追求，但同时积累了一系列矛盾和问题，其整体表现就是党的十九大报告中所指出的发展的"不平衡不充分"，即当经济增长的量的不足基本解决后，发展质量的问题就会凸显出来，并成为新的时代主攻方向。

从创新方面来看，科学发现、技术发明和产业创新是实现高质量发展的关键动因，只有创新驱动的经济才能实现持续高质量发展。产业或企业进行技术创新，可以是外源性的（引进、模仿），也可以是内源性的（自主研发、边干边学）。作为一个后发国家，中国以往的发展特别是几十年的高速增长更大程度上依赖于外源主导的技术，表现为技术引进、招商引资、吸收模仿等经济行为。进入新时代，向高质量发展转变，中国的产业技术创新让企业对科技资源和成果的要求越来越高，企业能够多方面多渠道获得高新技术资源，使之成为自身进行研发创新的活水源头,就成为一个关系重大而影响深远的体制机制问题。因此,在新发展观中,以及在体制和政策安排上,要进一步提升整个国家科技创新体制机制的开放性,将科学发现、技术发明,同产业技术创新及企业研发和新产品产业化、金融化等各环节相互联通,形成产融结合的新机制,保障和促进科研成果的产生和产业化。

8.4.2 高质量发展的政策实践

高质量发展的表现,就是解决供给水平与需求发展不平衡、供给能力不充分的矛盾,进而不断提高经济运行效益,解决经济社会发展升级的主要矛盾。为满足人民日益增长美好生活需要,要通过顶层设计和制度改革,解放和发展社会生产力,调整经济结构,实现更高水平和更高质量的供需动态平衡,显著提升经济和社会的发展质量。因此,高质量发展既是质量变革,又是效率变革、动力变革;既需要科技创新,又需要体制机制创新。

- **以提高效益实现平衡充分发展为主要任务**

市场经济条件下,实现商品交换价值的前提是实现商品的使用价值,使用价值的"变现"能力成为经济增长能否可持续的关键。认识这一根本原理,对理解我国经济进入新常态、平均利润不断下降背景下高质量发展的任务尤其重要。

总体来看,一是以提高效益为核心。提高效益,在高质量发展中体现在经济运行的生产、流通、分配、消费四个环节上,实现生产、流通环节上,投资有回报、企业有利润;分配、消费环节上,居民有收入、政府有税收。二是解决发展的不平衡。要使得经济结构的重大比例关系和空间格局比较合理,经济发展健康平稳合理。三是解决发展的不充分。发展不充分矛盾主要在于供给侧,这就需要通过高质量发展,构建高效畅通的"产业基础—生产方式—增长动力—最终产品"的经济运行过程,包括:①建立更完整的产业体系;②建立更网络化、智能化的生产组织方式;③增强经济创新力、需求捕捉力、品牌影响力、核心竞争力;④不断提高产品和服务质量,更好满足个性化、多样化、不断升级的需求。

具体来看,要从"破""强""降""补"四个方面推动实现高质量发展。

一是破除旧结构。从供给结构来看,减少无效和低端供给、扩大有效和高端供给,增强供给结构对需求变化的适应性和灵活性,是高质量发展的前提。这就需要根据新发展理念的要求,着力破除无效投入和无效供给,改变僵化、不适宜的产业结构和生产组织方式,处置"僵尸企业",该"断奶"的就"断奶",该断贷的就断贷,坚决拔掉"输液管""呼吸机",破除旧结构对社会资源的无效占用和对产业结构向高质量升级的阻碍。

二是增强新动能。从经济动力来看,高质量发展是经济水平发展到较高阶段出现的客观要求,体现在发展动力由资源要素投入、技术变革向创新驱动转变的关键时期。这就需要强化科技创新、培育新业态新模式,在中高端消费、创新引领、绿色低碳、共享经济、现代供应链、人力资本服务等领域形成新增长点,着力提高社会全要素生产率;这就需要深入实施创新驱动发展战略,深化供给侧结构性改革和企业制度改革,不断提升企业和整个经济体系的质量效益。

三是降低实体经济成本。市场运行较高的交易成本是经济发展质量不高的表现,也是导致经济发展质量难以提高的重要障碍。在经济学理论中,市场交易成本对经济发展的质量具有重要影响。尽管实践中难以做到交易成本为零的制度安排,但最大限度减少交易成本,使产权关系更有效发挥作用,是促进高质量发展的改革方向。这就需要降低企业负担,清理规范涉企收费,增强市场经济活力;此处要放松管制,消除资源由低效部门向高效部门流动的障碍,构建竞争公平的市场体系,提高资源配置效率。

四是补足经济社会发展短板。进入新时代,人民不仅对物质生活提出了更高要求,而且在精神等方面的需求也日益增长,高质量发展的内涵延伸从单一的经济领域延伸到公平、安全、环境等方面,需求的数量明显增加,而且需求的质量显著增强。这就需要着力缓解经济运行和社会发展当中存在的突出失衡,强化和补齐高质量发展短板,推动区域、城乡、生态等方面平衡发展，促进经济关系比例和空间布局更加协调合理；这就需要加大民生领域建设，加快实现基本公共服务均等化，推动形成高收入调节、中等收入有提升、低收入有保障的合理分配格局。

- **以建立现代化经济体系为主要抓手**

现代化经济体系是实现经济质量提升的物质基础，是推动经济焕发活力、激发动力、催生创新力的重要条件，是实现高质量发展的支撑。党的十九大报告指出，要着力加快建设实体经济、科技创新、现代金融、人力资源协同发展的产业体系，这就必须坚持以实体经济为基础、以创新为第一动力、以金融支持为血脉、以人力资源为第一资源，打造实体、创新、金融、人力四者协调、同步、融合、互动发展的现代产业体系；另外，建设现代化经济体系，不仅是生产力的现代化，更是要实现经济关系和经济体制的现代化。

一是坚持质量第一、效率优先原则。具体到微观层面，体现在产品和服务的高质量，体现在市民的高获得感和高幸福感；中观层面，体现在产业和区域发展的高质量、高效益，体现在特色产业价值链的位置从中低端加工组装向研发、设计、品牌、供应链管理等中高端环节提升，体现在生产各环节、生活各方面的低资源消耗和低污染排放；宏观层面，体现在国民经济整体质量和效率，全要素生产率是重要衡量指标，要形成更加有效的要素配置环境，着力提高全要素生产率和对经济增长的贡献。

二是提高供给结构的灵活性与适应性，推动供给能力的提升。解决高质量发展的问题，关键是要大力改善供给结构、提升供给质量，提高供给体系与需求结构的适应性。因此，从高速增长转向高质量发展，不仅是经济增长方式和路径转变过程，也是体制改革和机制转换过程。要想实现高速增长转向高质量发展，必须基于新发展理念进行新的制度安排，进行供给侧结构性改革。这就要求通过一定的制度安排和形成新的机制，用改革的办法推进结构调整，大力破除无效供给，改变僵化、不适宜的产业结构和生产组织方式，优化存量资源配置，扩大优质增量供给，适应市场需求变化，大力提升产品和服务质量，促进供需动态平衡。

三是推动经济发展的质量变革、效率变革、动力变革，最终提高社会全要素生产力。我国经济发展正处于转变发展方式、优化经济结构、转化增长动力的关键期，建设现代化经济体系，才能实现经济由量的扩张向质的提高的飞跃，制造业由大变强，产业结构迈向中高端，使经济发展动力从主要依靠低成本要素投入转向依靠科技创新和人力资源质量优势，显著提高社会全要素生产力和整体经济效益。

四是兼顾产业体系建设和体制机制建设。现代化经济体系是由社会经济活动各个环节、各个层面、各个领域的相互关系和内在联系构成的有机整体。最重要的是做好两方面的建设工作。其一，创新引领、协同发展的产业体系建设。即加快建设实体经济、科技创新、现代金融、人力资源协同发展的产业体系。这就需要把发展经济的着力点放在实体经济上，加快发展先进制造业、优化升级传统产业，加快发展包括创意经济在内的现代服务业；促进科技创新和经济发展深度融合，持续增加企业和全社会研发创新投入，鼓励社会主体创新创业，努力提高科技创新在实体经济发展中的贡献率；不断增强金融服务实体经济能力，要把金融资源配置到经济社会发展的重点领域和薄弱环节，努力促进金融在建设创新引领、协同发展的产业体系中发挥更大作用。其二，促进现代化经济发展的经济体制建设。即构建市场机制有效、微观主体有活力、宏观调控有度的经济体制。这就需要建立更为有效的资源配置机制，深化商事制度改革，加快形成企业公平竞争、要素自由流动的现代市场体系；建立激发微观主体活力的市场激励机制，继续减少政府对资源的直接配置，深化"放管服"改革，支持民营经济发展；深化国资国企改革，推动国有资本做强做优做大；完善产权制度，激发各类市场主体创新。

8.4.3 我国高质量发展取得的瞩目成就

5年来（2012—2017年），中国经济产生的一系列深刻变化和重要成就充分证明，新时代中国特色社会主义经济思想是新时代中国特色社会主义经济规律的科学总结，中国特色社会主义经济建设走出了一条发展新道路。

第一，经济发展的创新动力更加强劲。新时代中国特色社会主义经济思想提出，创新发展解决的是高质量发展的根本动力问题。2017年，我国重大科研成果丰硕，从量子计算机、"复兴号"高铁、世界首条量子保密通信干线，到C919、AG600陆续首飞成功，再到生命科学、空间科学、移动支付等诸多领域的世界级创新成果让世界瞩目。中国原始创新能力将再上一个台阶，中国在充分吸收世界先进科学技术的基础上，直接打通一条新路，走出一条中国特色的"隧道超车"创新之路，创造先发优势，引领世界创新潮流。创新已经在经济增长中发挥着越来越重要的引领作用，2017年我国研发投入将达到1.7万亿元，研发经费投入强度超过2.1%①，超过欧盟15个初创国家，技术交易额与GDP之比从2010年的0.95%提高至2017年的1.56%，技术交易额超过1.25万亿元，这是科技创新投入产出的"真金白银"，科技进步率从2010年的50.9%上升至2017年的57.1%，以科技驱动代替要素驱动趋势更加明显。

第二，经济发展协调性更加显著。新时代中国特色社会主义经济思想提出，协调发展注重解决的是高质量发展中的不平衡问题。一是经济结构更加均衡，2017年，消费贡献率达到60%左右②，已成为拉动经济增长名副其实的"压舱石"，党的十九大报告提出要完善促进消费的体制机制，增强消费对经济发展的基础性作用，2018年消费需求对稳定宏观经济、提高居民福祉的作用将进一步凸显；二是地区发展格局更加合理，2017年3月，党中央、国务院决定设立雄安新区，这是继深圳经济特区、上海浦东新区之后又一具有

---

① 2017全年研究与试验发展（R&D）经费支出17500亿元，比上年增长11.6%，与国内生产总值之比为2.12%。数据来源：《中华人民共和国2017年国民经济和社会发展统计公报》，http://www.stats.gov.cn/tjsj/zxfb/201802/t20180228_1585631.html。

② 全年最终消费支出对国内生产总值增长的贡献率为58.8%。数据来源：《中华人民共和国2017年国民经济和社会发展统计公报》，http://www.stats.gov.cn/tjsj/zxfb/201802/t20180228_1585631.html。

全国性意义的新区，是千年大计、国家大事，我国将逐步形成以城市群为主体的大中小城市和小城镇协调发展的城镇格局，区域协调机制更加成熟，生产要素配置和流动更为有效。

第三，经济发展的生态底色更亮丽。新时代中国特色社会主义经济思想提出，绿色发展注重解决的是高质量发展中的人与自然和谐问题。2017年我国生态环境状况明显好转，大气、水、土壤污染防治行动成效明显，国内生产总值能耗、单位GDP碳排放均提前完成全年预定目标，4项主要污染物排放量下降将超额完成全年约束性指标。党的十九大报告首次将"绿色"作为现代化强国的核心目标，2018年中央经济工作会议再次强调要打好污染防治攻坚战，显示出党中央推进生态文明建设的坚定决心和决策力度，中国将开启经济增长的绿色能源时代。

第四，经济发展的开放格局更宏大。新时代中国特色社会主义经济思想提出，开放是繁荣发展的必由之路，开放发展解决的是高质量发展中的内外联动问题。2017年中国GDP占世界总量比重从上年的14.81%提高至15.40%，对全球经济增长贡献率达到37%。世界贸易组织预测，2017年全球货物贸易量增速将达3.6%，明显高于2016年的1.3%。全年我国货物进出口贸易将增长15%以上[①]，我国货物进出口贸易占世界总量比重从上年的11.45%提高至12.71%，对全球贸易增长贡献率高达45%以上，中国面向全球的贸易、投融资、生产、服务网络逐步形成。

第五，经济发展的结果更加公平。新时代中国特色社会主义经济思想中，共同富裕是社会主义制度优越性的根本体现，共同富裕体现了中国特色社会主义的本质和最大优越性，实现共同富裕是中国特色社会主义的根本原则和本质特征。2017年全国居民人均可支配收入增长9%，城乡居民人均可支配收入分别增长8.3%和8.7%，超过年初收入增长与经济增长基本同步的预期

---

① 实际全年货物进出口总额277923亿元，比上年增长14.2%。数据来源：《中华人民共和国2017年国民经济和社会发展统计公报》，http://www.stats.gov.cn/tjsj/zxfb/201802/t20180228_1585631.html。

目标，我国仍属于世界居民收入增长最快的国家。2017 年，包括营改增在内，我国为企业减税清费已经接近 11200 亿元，进一步巩固和扩大世界上人口最多的中等收入群体，为如期实现 2020 年全面建成小康社会的居民收入倍增和彻底消灭贫困目标取得决定性成果。

总之，新时代中国特色社会主义经济思想是近年来创造我国经济成就的重要支撑，是新时代中国特色社会主义经济建设的成功实践。实践永无止境，真理永无终结，随着适应和引领经济新常态的政策框架不断推向改革深处，新时代中国特色社会主义经济思想必然会不断谱写出新时代中国特色社会主义经济理论新篇章，引领新时代中国特色社会主义经济建设不断从胜利走向胜利。

参考文献

[1] 马克思. 资本论 [M]. 北京：人民出版社，1975.

[2] 马克思，恩格斯. 马克思恩格斯全集：第十三卷 [M]. 北京：人民出版社，1962.

[3] 马克思，恩格斯. 马克思恩格斯全集：第二十三卷 [M]. 北京：人民出版社，1972.

[4] 马克思，恩格斯. 马克思恩格斯全集：第二十五卷 [M]. 北京：人民出版社，1974.

[5] 马克思，恩格斯. 马克思恩格斯全集：第二十六卷第一册 [M]. 北京：人民出版社，1972.

[6] 马克思，恩格斯. 马克思恩格斯全集：第四十六卷下册 [M]. 北京：人民出版社，1980.

[7] 毛泽东. 关于正确处理人民内部矛盾的问题 [N]. 人民日报，1957 - 06 - 19.

[8] 毛泽东. 十年总结 [EB/OL]. (2007 - 06 - 11) [2019 - 06 - 15]. http：//www. ce. cn/xwzx/gnsz/szyw/200706/11/t20070611_ 11692517. shtml.

[9] 毛泽东. 毛泽东选集第一卷 [M]. 2 版. 北京：人民出版社，1991.

[10] 建国以来毛泽东文稿：第六册 [M]. 北京：中央文献出版社，1992.

[11] 毛泽东. 毛泽东文集第 6 卷 [M]. 中共中央文献研究室. 北京：人民出版社，1999.

[12] 周恩来选集下卷［M］. 北京：人民出版社，1984.

[13] 全面开创社会主义现代化建设的新局面——在中国共产党第十二次全国代表大会上的报告［EB/OL］.（2007-08-28）［2019-06-15］. http：//www. gov. cn/test/2007-08/28/content_729792. htm.

[14] 邓小平. 邓小平文选第三卷［M］. 北京：人民出版社，1993.

[15] 高举邓小平理论伟大旗帜，把建设有中国特色社会主义事业全面推向二十一世纪——在中国共产党第十五次全国代表大会上的报告［EB/OL］.（2007-08-29）［2019-08-05］. http：//www. people. com. cn/item/sj/sdldr/jzm/A106. html.

[16] 高举中国特色社会主义伟大旗帜为夺取全面建设小康社会新胜利而奋斗［EB/OL］.（2007-10-25）［2019-08-15］. https：//www. gmw. cn/01gmrb/2007-10/25/content_688159. htm.

[17] 坚定不移沿着中国特色社会主义道路前进为全面建成小康社会而奋斗［EB/OL］.（2012-11-09）［2019-06-13］. http：//cpc. people. com. cn/18/n/2012/1109/c350821-19529916. html.

[18] 中共中央文献研究室. 十八大以来重要文献选编（中）［M］. 北京：中央文献出版社，2016.

[19] 中共中央文献研究室. 习近平关于社会主义经济建设论述摘编［M］. 北京：中央文献出版社，2017.

[20] 习近平. 决胜全面建成小康社会夺取新时代中国特色社会主义伟大胜利——在中国共产党第十九次全国代表大会上的报告［EB/OL］.（2017-10-27）［2019-03-15］. http：//www. gov. cn/zhuanti/2017-10/27/content_5234876. htm.

[21] 习近平. 在省部级主要领导干部学习贯彻党的十八届五中全会精神专题研讨班上的讲话［EB/OL］.（2016-05-10）［2019-11-23］. http：//politics. people. com. cn/n1/2016/0510/c1001-28336908. html.

[22] 习近平在党的十八届六中全会第二次全体会议上的讲话（节选）

[EB/OL].（2017－01－03）［2019－09－13］.http：//cpc.people.com.cn/n1/2017/0103/c64094－28995008.html.

［23］习近平在省部级主要领导干部"学习习近平总书记重要讲话精神，迎接党的十九大"专题研讨班开班式上发表重要讲话［EB/OL］.(2017－07－27)［2019－10－25］.http：//www.gov.cn/xinwen/2017－07/27/content_5213859.htm.

［24］习近平主持中共中央政治局第三次集体学习［EB/OL］.（2018－01－31）［2019－04－17］.http：//www.81.cn/sydbt/2018－01/31/content_7927734.htm.

［25］习近平.习近平：在中国科学院第十九次院士大会、中国工程院第十四次院士大会上的讲话［EB/OL］.（2018－05－29）［2019－06－08］.https：//www.ccps.gov.cn/xxsxk/zyls/201812/t20181216_125694.shtml.

［26］中共中央关于经济体制改革的决定［EB/OL］.（2008－06－26）［2019－09－24］.http：//cpc.people.com.cn/GB/64162/64168/64565/65378/4429522.html.

［27］沿着有中国特色的社会主义道路前进——在中国共产党第十三次全国代表大会上的报告［EB/OL］.（2012－08－28）［2019－10－03］.http：//www.chinadaily.com.cn/dfpd/18da/2012－08/28/content_15713593.htm.

［28］中共中央关于制定国民经济和社会发展十年规划和八五计划的建议［EB/OL］.（2007－06－15）［2019－08－25］.http：//www.ce.cn/xwzx/gnsz/szyw/200706/15/t20070615_11773708.shtml.

［29］中共中央关于建立社会主义市场经济体制若干问题的决定［EB/OL］.［2019－07－23］.http：//www.people.com.cn/item/20years/newfiles/b1080.html.

［30］中共中央关于制定国民经济和社会发展"九五"计划和2010年远景目标的建议［EB/OL］.（2008－04－21）［2019－05－26］.http：//www.people.com.cn/item/20years/newfiles/b1100.html.

［31］中共中央关于制定国民经济和社会发展第十个五年计划的建议

[EB/OL]. (2017-08-05) [2019-03-26]. http://www.gov.cn/gongbao/content/2000/content_60538.htm.

[32]《中国共产党章程汇编（一大—十八大）》编写组. 中国共产党章程汇编（一大—十八大）[M]. 北京：中共中央党校出版社，2013.

[33] 中国共产党章程 [M]. 北京：人民出版社，2017.

[34] 中共中央关于制定国民经济和社会发展第十一个五年规划的建议 [EB/OL]. (2005-10-19) [2019-04-18]. https://www.gmw.cn/01gmrb/2005-10/19/content_319036.htm.

[35] 中共中央关于制定国民经济和社会发展第十二个五年规划的建议 [EB/OL]. (2010-10-28) [2019-05-12]. http://www.npc.gov.cn/zgrdw/npc/zt/qt/jj125gh/2010-10/28/content_1627776.htm.

[36] 中国共产党第十八届中央委员会第五次全体会议公报 [EB/OL]. (2015-10-29) [2019-08-24]. https://news.12371.cn/2015/10/29/ARTI1446118588896178.shtml.

[37] 国务院研究室编写组. 十三届全国人大一次会议《政府工作报告》辅导读本 [M]. 北京：人民出版社，2018.

[38]《人民日报》发表宁吉喆署名文章：我国经济长期向好发展态势没有改变（经济形势理性看）[EB/OL]. (2019-08-05) [2019-12-23]. http://www.stats.gov.cn/tjgz/tjdt/201908/t20190805_1689152.html.

[39] 中共中央印发《深化党和国家机构改革方案》[EB/OL]. (2018-03-21) [2019-06-10]. http://www.gov.cn/zhengce/2018-03/21/content_5276191.htm#1.

[40] 张培刚. 农业与工业化 [M]. 北京：中信出版社，2012.

[41] 张培刚，张建华. 发展经济学 [M]. 北京：北京大学出版社，2009.

[42] 何传启. 现代化科学：国家发达的科学原理 [M]. 北京：科学出版社，2010.

[43] 刘易斯. 经济增长理论 [M]. 梁小民，译. 上海：上海三联书

店，1990.

［44］罗斯托．经济成长的阶段——非共产党宣言［M］．北京：商务印书馆，1962.

［45］列维．现代化与社会结构［M］．普林斯顿：普林斯顿大学出版社，1966.

［46］钱乘旦．世界现代化历程·总论卷［M］．南京：江苏人民出版社，2012.

［47］陈晓律．世界现代化历程·西欧卷［M］．南京：江苏人民出版社，2010.

［48］李剑鸣．世界现代化历程·北美卷［M］．南京：江苏人民出版社，2010.

［49］王云龙，刘长江，等．世界现代化历程·俄罗斯东欧卷［M］．南京：江苏人民出版社，2015.

［50］马蒂内利，何传启．世界现代化报告：首届世界现代化论坛文集［M］．北京：科学出版社，2014.

［51］唐晋．大国崛起［M］．北京：人民出版社，2007.

［52］全面建设小康社会，开创中国特色社会主义事业新局面［EB/OL］．（2006－12－22）［2019－10－06］．http：//cpc.people.com.cn/GB/64162/64168/64569/65444/4429125.html.

［53］中华人民共和国国家统计局．中国统计摘要：2016［M］．北京：中国统计出版社，2016.

［54］国家统计局．中国统计摘要2019［M］．北京：中国统计出版社，2019.

［55］胡鞍钢．中国进入后工业化时代［J］．北京交通大学学报（社会科学版），2017，16（1）．

［56］胡鞍钢．"十二五"：如何跨越中等收入陷阱［N］．经济参考报，2011－07－01（A26）．

［57］国务院研究室编写组．十三届全国人大二次会议《政府工作报告》辅导读本［M］．北京：人民出版社，2019．

［58］《党的十九大报告辅导读本》编写组．党的十九大报告辅导读本［M］．北京：人民出版社，2017．

［59］夏杰生．"得标准者得天下"——张晓刚谈国际标准化发展与"中国制造"［N］．中国冶金报，2018-05-25（1）．

［60］杨舒．"我国已到达世界科学中心的边缘"——访国家自然科学基金委主任杨卫［N］．光明日报，2017-01-08（6）．

［61］霍利斯·钱纳里，莫伊思·赛尔昆．发展的型式1950—1970［M］．李新华，徐公里，迟建平，译．北京：经济科学出版社，1988．

［62］GILL I S, KHARAS H J, BHATTASALI D. An East Asian renaissance: ideas for economic growth［M］. Washington DC: The International Bank for Reconstruction and Development/The World Bank, 2007.